基于课堂生态视角下的高校英语教学

赵艳芳 ◎ 著

吉林人民出版社

图书在版编目(CIP)数据

基于课堂生态视角下的高校英语教学 / 赵艳芳著
. -- 长春 : 吉林人民出版社 , 2020.8
ISBN 978-7-206-17023-2

Ⅰ . ①基… Ⅱ . ①赵… Ⅲ . ①英语 – 教学研究 – 高等学校 Ⅳ . ① H319.3

中国版本图书馆 CIP 数据核字 (2020) 第 149703 号

基于课堂生态视角下的高校英语教学

JIYU KETANG SHENGTAI SHIJIAO XIA DE GAOXIAO YINGYU JIAOXUE

著　　者：赵艳芳
责任编辑：王　丹　　　封面设计：陈富志
吉林人民出版社出版 发行（长春市人民大街 7548 号） 邮政编码：130022
印　　刷：定州启航印刷有限公司
开　　本：710mm × 1000mm　　1/16
印　　张：10.25　　字　　数：200 千字
标准书号：ISBN 978-7-206-17023-2
版　　次：2020 年 8 月第 1 版　　印　　次：2020 年 8 月第 1 次印刷
定　　价：49.00 元

前　言

随着现代科技的进步和现代生活的发展，生态观念深入人心，不仅影响环境、文明、伦理和食品等诸多领域，还延伸到大学英语教学中。从生态学的角度来看，生态教学模式更加符合学生的心理发展特征，同时与学生的学习习性和学习形态相契合，可以使学生与课堂环境相互影响、相辅相成，构建出和谐共生的生态系统，实现教师与学生、学生与学生、学生和环境之间的和谐，提高学生的自主创新能力，为学生的成长提供更加良好的环境。

课堂研究一直都是教育研究的重点问题，拥有多种学科视角和多元研究方法。随着生态学时代的到来和教育发展的生态化趋势的不断增强，生态学正成为课堂研究的一个新的学科视角；课堂生态研究作为教育生态研究的微观研究，正成为课堂研究的一条新的路径。课堂生态系统是一个以教师教学活动和学生学习活动为中心，活力、组织结构、恢复力三要素动态平衡，课堂教学和课外学业求助两方面关联互动的系统。课堂生态系统因教师和学生通过教与学的活动输入能量而形成，在教与学的活动中，教师和学生、学生和学生发生直接相互作用时的彼此适合度决定了师生之间、生生之间的能量流动；同时，课堂生态系统不可避免地会受到外界的诸多干扰，恢复力则对活力和结构起到维持作用。只有三个要素之间互相配合、动态平衡，课堂生态系统才具有稳定性和可持续性。在课堂生态系统运行中，三个要素受到系统内外诸多因子的影响。这些因子彼此关联、分布有序，共同形成了活力机制、结构机制和恢复力机制。三个机制分别承担不同的功能并彼此作用，共同保障了课堂生态系统的良性运行：活力机制激发教师和学生通过教与学的活动输入能量，结构机制通过协调师生关系、生生关系使能量流动形成正常、良好的运行秩序，恢复力机制则通过调控活力机制和结构机制使课堂生态系统尽可能接近理想状态。

本书的研究重点是站在课堂生态的视角下对当下的高校英语教学活动进行研究，分析了当前大学英语教学系统中的生态因素，并将生态理论与大学英语教学实践相结合，构建新的大学英语生态教学模式。本书首先对课堂生态教学理论进行了概述，然后探讨了课堂生态的整体架构、英语生态课堂构建的理论基础及现状等相关问题，对英语生态课堂进行了进一步阐释，最后提出了构建高职高专课堂生态教学模式的内容与具体的操作方法。

目 录

第一章　课堂生态教学理论

近年来，“生态化”一词频频出现，通过各种获取信息的途径，包括网络、电视、广播及政府文件、报纸杂志等，我们可以了解到大量的与之相关的信息，能够深切地感受到整个社会的生态意识正在逐步加强，生态观念也正给我们生活的方方面面带来影响。例如，近年来，经济上我们倡导经济生态化，产生了生态经济；政治上我们力主政治的生态化，产生了生态政治；文化领域的发展也主张文化生态化，产生了生态文化；等等。总之，社会的各个领域，不管是人文社会科学领域，还是自然科学领域，都被深深地刻上了生态化的印记，追求生态化的发展成为各领域持续、健康、和谐、稳定发展的最佳选择。当然，这一股生态风给正经受新世纪挑战的教育教学改革送来了一剂良药，使教育教学观念发生了深刻的变革，其变革实质是力图使教育教学回归本真，逐步走向生态化。这预示着一种新的教学理念——生态教学理论正在萌芽。“生态教育”对于教育价值观的改变有着深刻的影响，也引起了教育界对于这一理念下的课堂构建的许多思考。

第一节　相关概念界定

一、相关术语

（一）“教学”的语义发展及其内涵阐释

英文中表述教学一词的单词有 teach（教、教导）、learn（学、学习）、instruct（教导）。teach 一词来源于古英语中 teacan 一词，teacan 又是从古条顿语中 taikjan 一词派生而来的。taikjan 的词根是 teik，意思是拿给人看，它又可以通过条顿语以前的 deik 一词，一直追溯到梵语中的 dicoo 与 teach 一词有关系的还有 token(符号或象征)，token 来源于古条顿语 taiknom，这与 taikjan（后来成为古英语的 teacan）是同源词，意思是教。所以，token（符号或象征）与 teach（教导）从历史上看是相互联系的。

根据这一派生现象，教学就是通过某些符号或象征向某人展示某事物，利用符号或象征唤起对事件或人物的观察与发现等的反应。learn 源自中世纪英语 learnen 一词，意思是学习或教导。learnen 来源于盎格鲁－撒克逊语中的 leornian 一词，其词干是 lar，lar 是 lore 一词的词根。lore（经验知识）本来的意思是学习或教导，但现在被用来指所教的内容。它们最早表达的是同样的意思，可以通用。instruct 一词在使用的过程中多与教学情景有关，强调教学的过程。①

"教学"两字相连用，最早见之于《尚书·兑命》："教学半。"孔颖达的解释是："上学为教，音 xiao；下学者，学习也。言教人乃是益己学之半也。"《学记》引用它作为"教学相长"的经典依据，指出"学然后知不足，教然后知困。知不足，然后能自反也；知困，然后能自强也。故曰：教学相长。"说明教学是一种教者先学后教、教中有学的单方向活动。在古代个别教学的组织形式下，教与学不分，以学代教。教学即学习，是指通过教人而学，以提高自己。这是最早的"教学"一词的语义。到目前为止，"教学"一词经历了由最初的"教学即学习"到"教学即教授""教学即教学生学""教学即教师的教与学生的学"的语义转变。

通过考察"教学"一词的中、英文来源，以及其语义发展变化的过程，我们可以在理性层面上对"教学"作如下阐释：

（1）教学过程中，教师的教与学生的学相互依存、密不可分。没有学生的学，教师的教就失去了特定的指向对象，教也就无从谈起；没有教师的教，学生系统的学习缺少了精密科学的组织与安排，也很难进行下去。信息化时代，有人提出通过网络、各种传媒，在没有教师的情况下，也能获取知识。对此，笔者认为，第一，我们通过网络、各种传媒接受的知识相对于学校提供的知识，其优点是其前沿性，其不足是缺乏系统性和基础性。第二，教学过程不仅是传授知识、发展能力的过程，还是情感交流和学生人格形成的过程，网络学习主要是人机交流，学生面对的是没有情感的电脑，教师言传身教的作用、人格力量的影响力被削弱了，在情感培养、人格塑造方面，网络显然无能为力。第三，通过网络、传媒学习，学生的学习环境变得更加狭小，学生从丰富多彩的学习方式转变为单调的理性探求式的学习方式，紧张的信息加工将冲击其对实践活动的参与，虚拟的情境终究不能创造真实的感受，这将影响学生实践能力的培养。第四，在网络学习中，任何数字运算皆可用电脑完成，学生的大部分表达都用键盘输入替代，这将降低学生的运算能力和语言表达能力。因此，通过网

① 施良方，崔允漷．教学理论：课堂教学的原理、策略与研究 [M]. 上海：华东师范大学出版社，1999：15.

络、传媒进行的教学活动，只能是目前学校教学活动的一种补充，而远远不能替代学校的教学活动。

（2）“学的行为”是教学活动的中心问题。教学实践是由教和学两种活动构成的，在实践中它们是相互依存、密不可分的，但是出于理性思维的需要，从局部和片面出发，以便更深入地认识统一的、整体的客观对象，我们可以在理性思维层面将教师的教与学生的学加以区分，相对独立地进行研究与探讨。教学领域与其他研究领域一样，有其自身存在的中心问题，“学的行为”应该是或者说本来就是教学活动的中心问题。这主要是基于以下几点考虑：第一，从考察英文中“教学”一词的最初来源及其词义发展过程，我们可以看出，将“学的行为”作为教学的中心的问题，更加切合“教学”一词的本源意义，“教学这个词自古以来就同学习结下不解之缘”。[①]第二，教学是一种意向性很强的活动，使学生学习（包括知识、德性等的学习）就是教学活动的主要目的。对于教学的意向性特点，许多学者有过专门的论述。谢夫勒说：“教学是有意识的行为，目的是要导致别人学习。”[②]罗伯逊说：“教学指的是意在传播知识给另一个人所采取的行动。”[③]布鲁纳说：“教学是通过引导学习者对问题或知识体系循序渐进的学习来提高学习者正在学习中的理解、转换和迁移能力。”[④]巴拉诺夫说：“教学的目的是掌握一定方面的人类经验，如科学、技术、思想体系、道德、文化、艺术等，这些方面的知识能使学生具有符合现代社会发展要求的教育水平。”[⑤]赫思特说：“教学活动是一个人A（教师）的活动，其用意在于实现另一个人B（学生）的活动（学习），其用意在于完成某种目的情态（例如，认知与鉴赏），其目的就是X（例如，信念、态度及技能）。”[⑥]教学意味着教师有目的地引导学生学习，从而更好地促进学生的发展，这应该是教育教学理论界的基本共识，这样学生学的行为就自然成为教学这一明显带有目的性的行为所要研究的中心问题。

（3）“教的行为”就是教师引起、维持与促进学生学习的所有行为。在教学活动

① 曹俊军．课程与教学论[M]．西安：西安交通大学出版社，2018：26.

② 中央教育科学研究所比较教育研究室．简明国际教育百科全书：教学（下）[M]．北京：教育科学出版社，1990：49.

③ 中央教育科学研究所比较教育研究室．简明国际教育百科全书：教学（下）[M]．北京：教育科学出版社，1990：116.

④ 顾明远．教育大辞典[M]．上海：上海教育出版社，1991：18.

⑤ 卢娟娟，陈有孝，饶馨．教育学[M]．延吉：延边大学出版社，2018：29.

⑥ HIRST.Knowledge and the cumiculum：A collection of philosophical papers[M].London：RKP P,1975：108.

中并不是教师的一切行为都可以称之为“教”的行为，按照教学活动展开的过程，教师“教”的行为包含教学前行为（各种准备活动）、教学过程中的行为（具体实施教学活动时的行为）与教学后的行为（教学评价）。区分教师的哪些行为可以称之为“教”的行为，哪些行为不能列入教师“教”的行为，可以从教师的行为是否是为了学生的进步，或者说是否是为了学生更好地学来进行判定，而不能仅仅从教师是否是在完成教学内容来判定。从某种意义上来讲，“为了学生更好地学、更好地进步”可以看作是教师“教”的行为的本质特征。

（4）运用关系论的思维方式更有助于理解教学。以往研究者在对教学本质进行探究的过程中，多沿用近代哲学的二元本体论——从主客体关系入手，简洁地寻求教学的本原。人们总是试图寻找一种（或几种）具体的实体性的要素、活动或过程，以期一成不变地界定教学的本质，一劳永逸地指导教学实践。这样在对教学定义的过程中，研究者所界定的教学概念也就呈现出某种实体化的倾向。这种教学定义方式主要表现为从教师“教”的活动角度，或从学生“学”的活动角度进行定义的倾向。在对教学的认识上，我们不能满足于简单地从主客体认识论入手、从某种教学活动要素出发，简单地描述某种概念，需要去追问教学的本质，运用关系论的思维方式去看待教学，立足于教学的生成机制，探究教学活动的深层本质。同时，在这一过程中，我们必须坚持彻底的马克思主义认识论——研究者立足于教育的“为人性”的价值论和教学的“独特性”的本体论进行研究。

（二）生态学

生态学（ecology）一词源于古希腊，由“oikos”和“logos”组成，前者是“房屋”或“居住地”的意思，后者是“论述”和“研究”的意思。就其本意而言，生态学是研究住所的学问。博物学家索罗于1858年首次提出“生态学”这一术语，德国生物学家赫克尔于1868年为生态学下了较明确的定义，即生态学是研究动物与其无机和有机环境的全部关系的科学。它本是一个科学概念，强调在一个完整的体系内有机体与其周围环境之间的关系。在《辞海》中，生态的意思是自然环境系统中生物与生物之间、生物与生存环境之间相互作用建立的动态平衡关系。本书探索建立的生态课堂是一种新型的课堂教学模式，是一种把教师、学生、教学内容、教学方法、教学评价和教学环境看成一个相互联系、相互制约的整体，以此建立起和谐的、可持续发展的课堂形式。

（三）生态语言学

生态语言学又称语言生态学，《语言与逻辑辞典》将其定义为“在人种语言学、人类语言学和社会语言学这些领域中对语言和环境之间相互作用的研究”。19 世纪德国语言学家洪堡特（Wilhelm von Humboldt）认为所有的语言“都是有机体”，语言是人这一有机生命体在感性和精神活动中的直接表现，所以语言也很自然地具有一切有机生命的本性。语言学家施莱歇尔认为“语言有机体”与自然有机体有诸多相似点，语言发展的规律跟生物的进化规律是一样的。真正形成生态语言学观点的是豪根，他 1972 年在其专著《语言生态学》中系统地以生态学的视角讨论了一系列语言学的基本问题。它是一门研究一定的语言与其环境交互作用的学科。1993 年，麦凯（Adam Makkai）出版生态语言学：语言科学的新范式（*Eco linguistics : Towards a New Paradigm for the Science of language*）一书，正式提出了“生态语言学”（ecolinguistics）这一术语。它具有较强的语言学特性，力求实现语言知识、语言技能、情感态度、学习策略、跨文化意识和跨文化交际能力多方面发展，从不同的视角研究教学中的不同层面、不同环节出现的问题。

（四）教育生态学

教育生态学（educational ecology）是将教育及其生态环境相联系，并以其相互关系及其机理为研究对象的一门新兴学科。学科名称首先是由美国哥伦比亚师范学院院长克雷明（Cremin Lawrence）于 1976 年在《公共教育》（*Public Education*）一书中提出的。1977 年，埃格尔斯顿（Eggleston J.）发表《学校生态学》（*The ecology of the school*）；1992 年，哥伦比亚大学的《师范学院学报》上刊登了艾斯纳的《教育改革与学校教育生态学》（*Educational reform and the ecology of schooling*）。教育的生态结构包括宏观、微观两个侧面。教育的宏观生态最大的范围是生态圈，研究以教育为中心的各种环境系统。教育的微观生态则缩小到学校、教室、设备乃至座位的分布对教学的影响，也缩小到家庭的亲属关系，学校的师生关系、同学关系乃至学生个人的生活空间、认知神经及心理状态对教育的影响。本书主要从微观角度研究课堂生态诸要素及其相互关系，对课程的设置目标、智能、方法、评价等微观系统进行分析。在教育生态学中，影响教育群体的生态因素很多，教育群体之间有竞争、合作等多种与生物系统相似的相互作用表现。基于这一理念，研究者努力探求在教学过程中推进群体及群体中个人发展的有效途径，以便更好地促进整个系统的良性发展。

人类社会生态学与文化生态学的研究，直接促进了教育生态学的发展。教育生态学是生态学的原理在教育中的应用，也就是限制因子定律、耐度定律和最适度原则、“花盆效应”、生态位原理、社会性群聚与阿里氏原则、生态链群体动力与群体之间的关系及边缘效应和生态平衡与失调、竞争与协同进化规律等。教育生态学从分析各种教育生态环境，包括自然的、社会的、规范的、生理心理的生态环境及其教育生态因子对教育的作用和影响及教育环境的反作用入手，进一步剖析教育的生态结构，从而从宏观和微观角度来研究个体、种群、群落与环境之间的关系。国内外一般从两个方向进行教育生态学研究，一是以教育为主体，研究教育与生态的关系；二是以生态环境因子为主，研究各种生态环境因素与教育的关系及对教育的影响。实际上，有关生态环境与人类行为的研究，大多关注学校中个体行为与环境的关系，而学校生态环境的生态学研究在很大程度上也是以教育环境研究的名义而出现的。

（五）课堂生态学

1932 年，美国教育学家沃勒（Waller）在其著名的《教育社会学》（*The Sociology of Teaching*）一书中提出了“课堂生态学”（classroom ecology）这一概念。生态课堂是借鉴生态学理论（ecological theory），运用生态方法（ecological approach），从生态视角（ecological perspective）来思考、分析课堂教学的。课堂教学坚持以学生发展为本，课堂一切生态因子之间有机组合与协调运动，在尊重生命的价值前提下，追求教学质量与生命质量的整体提升，使课堂成为一个有机的生态整体。从生态学角度来看生态课堂，可以将课堂要素划分为种、种群、食物链和生态因子。“种”是指个体学生，教师或教学管理者；“种群”是各种正式或非正式的学生、教师或教学管理者结成的群体；“食物链”是知识、技能和多项素质的习得链条；“生态因子”是能影响该生态系统的各种因素，包括物理的、化学的、生物的等多种生态因子。课堂活动不是单调的教学关系，它是包含了各类个体、群体与多维生态因子的动态组合与互动，各类生态群体与生态因子的力量波动、消长与平衡，能量（教学情绪和兴趣）和物质（知识和技能）等的传递与循环。本书主要以课堂为语境，以课堂教学行为与活动为内容，采用生态思维方式，通过随堂听课、活动笔记、教学反思、问卷调查等定量和定性手段，探讨课堂教学中整体、互动、多维、联系、复杂的生态关系，以努力揭示生态理论在课堂研究的方法论上的意义。

二、生态主义与生态化教学

生态化教学是运用生态学原理，以生态主义世界观、方法论为指导研究教学问题的产物。生态主义思想具有悠久的历史、丰富的内容和深刻的内涵。经过几千年漫长的发展，特别是 20 世纪 70 年代以来的深入研究，生态主义理论已初步形成，其基本理论框架包括了生态主义世界观、生态主义发展观、生态主义认识论和生态主义方法论。生态主义的世界观是一种整体有机论，认为世界是一个有内在联系的有机整体，人、自然和社会是一个动态发展的和谐的统一体。无论是中国古代的“天人合一”思想，还是生态后现代主义、生态女权主义、生态社会主义等各种思潮，它们都反对近代形成的机械论世界观。生态世界观认为，“现实中的一切单位都是内在地联系着的，所有单位或个体都是由关系构成的”。[①]

生态主义的价值观肯定了自然的内在价值，主张人与自然、社会之间建立一种新的伦理关系。生态主义价值观反对技术理性的工具性价值观，工具性价值观认为自然只有在被人当作资源加以利用的时候才显示出其存在的价值，这种人类中心主义的价值观是近代社会形成的，在现代社会盛行，从而加剧了人类社会乃至整个生态系统的危机。生态主义的认识论反对西方近代哲学中的主客二元对立的观点。当二元论的视线触及人与自然、人与社会、自然和社会等关系时，他们得出的结论是自然屈从于人、屈从于社会，人与自然是对立的，人的发展以对自然的征服、统治为前提。正是由于二元论的观点，人类才将自己从自然中分离出来，将物质与意识割裂、将事实与价值分离，才造成了当代严重的生态危机和生存危机。因此，新建立的后现代科学主张摒弃二元论，认为“后现代科学不应将物质与意识割裂开来，因而也不应将事实、意义及价值割裂开来。因此，科学与一种内在的道德观不可分，而真理和美德由于是科学的一部分，也是不可分割的”。[②]它认为科学不是一项价值中立的活动，价值与事实、道德是一个过程的不同方面。在此基础上发展起来的生态主义的认识论同样致力于消解二元论，认为人是自然、社会系统中不可缺少的、普通的一部分，这一部分只有在与整个生态系统相联系时才有意义。生态主义的方法论反对还原论方法，认为还原论是与原子本体论和机械论世界观联系在一起的。生物学哲学家恩斯特·迈尔力图使传统哲学从单纯物理科学的影响中解脱出来，以生物科学的思维重建哲学，并对还原论进行了批判。他将还原论的还原分为三种：组成的还原、解释的还原和理论的还原。组成的还原论将有机体的物质组成与无机世界的物质组成等同起来；解释的还原论认为只有把整体分解为最基本的部分才能理解一个整体，具体地说，把生命现象还原到原子水平才能理解生命；理论的还原论认为生物学的理论可以用物理学的理论推导出来。迈尔认为除组成的还原论可接受外，解释的还原论和理论的还原论都是错误的。“生态学并不排斥分析。它包容和运用了所有现代严格的分析技巧，但它既不停留在分析上，也不推崇客观、冷漠的分析价值观。它以一种整体论的方法包含和超

① 格里芬．后现代科学科学魅力的再现[M].马季方，译．北京：中央编译出版社，1995：49.

② 格里芬．后现代科学科学魅力的再现[M].马季方，译．北京：中央编译出版社，1995：26.

越了分析，而这种整体论的方法对于其概念的任务来说至关重要。”①

总之，生态主义的有机整体论把整个生态系统乃至宇宙看作一个生态系统，认为生态系统中的一切事物都是相互联系、相互作用的，人类只是这一系统中普通的成员。整体论强调每种物种在维持生态系统整体性中所起的作用，强调生态系统中每个存在物所具有的内在价值。具体而言，生态主义的整体观包括以下几点：第一，宇宙中每一个事物都与其他事物相联系，如果把某件事物从生态系统中拿走，必定会影响整个生态系统。第二，整体大于部分之和。生态系统具有协调作用，子系统的效应不是简单的线性叠加。第三，知识依赖于处境。在整体论中，每一部分的意义都依赖于它和整体的关系。第四，过程优先于部分。生态系统是一个开放的、有物质和能量交换的系统，这个稳定的系统与其说是由部分构成的，不如说是由过程构成的。第五，人与非人自然的统一。在整体论中，人和其他自然都属于同一个有机的宇宙系统，不存在文化与自然的二元对立。②

对于生态化教学主要有三种理解：以生态主义理论为指导发展起来的教学及其理论；有关于生态主义理论的教学，即教学的内容是有关生态问题的，如环境（环保）课等；为了实践生态主义而发展起来的教学，主要指在生态主义理论指导下，形成的种种具体的教学形态。以生态主义为指导发展起来的教学及其理论（即第一种理解）是一种广义的理解，它包含了广泛的教学形态及其理论。第二、第三种关于生态化教学的理解则可以看作是第一种生态化教学理解的特殊表现方式，是第一种理解的具体化。

综合现有的对生态化教学的理解可知生态化教学就是运用生态学原理和生态主义理论研究教学问题，强调以一种生态的眼光、态度、原理和方法来思考、理解、解释复杂的教学问题，并以生态的方式来开展教学实践。可以说，生态化教学既是一种教学理念，又是一种教学实施策略，它是一种系统观、整体观、联系观、和谐观、均衡观下的教学，是一种充分体现和不断运用生态智慧的教学。它的内涵包括以下几个方面。

（一）生态化教学的自然和谐性

生态化教学主张尊重生命，尊重学生的个性，致力于和谐的、身心健康的生态人的培养。

首先，知识教学对人的发展来说只能是一个部分，传统教学中过分重视知识教

① 格里芬．后现代科学科学魅力的再现[M]．马季方，译．北京：中央编译出版社，1995：113.

② 苏贤贵．生态危机与西方文化的价值转变[J]．北京大学学报（哲学社会科学版），1998(1)：62-69，157-158.

学，甚至以知识教学来代替对学生进行的作为一个完整意义上的人的教育，这种教育只是一种片面教育，会对学生生命发展造成巨大的负面影响。其次，学生有不一样的性情，不一样的兴趣、爱好，更有不一样的背景和道路，他们的多姿多彩对应着自然界的多样性。当前，物种的多样性缺失已引起国际社会的广泛关注，视为生态危机加剧的一个显著标志（保护世界文化的多样性已进入人们的视野），而教育上的多样性的缺失所造成的危机绝不亚于自然生态和文化生态的危机。从小的方面讲，它将导致学生没有个性、创造性；从大的方面看，它对国家、民族在“自然选择”中的地位不利。生态化教学要求我们的教学活动应致力于走进学生真实的生活世界，努力实现培养和谐的、身心健康的生态人这一具有终极意义的教学目标，基础教育只有步入学生的生活世界，才算找到了第一把钥匙。

（二）生态化教学的整体性

生态世界观追求整体、和谐，这是因为世界既是原子性的，又是整体性的。所谓原子性，是指物种的区别性，而整体性则是这个有机世界的根本特性。所谓生态化教学的整体性主要表现为以下几个方面：一是生态化教学的教学过程具有整体性，教学过程各要素相互联系，共同构成一个有机整体；生态化教学的目标具有整体性，旨在促进学生在一个社会、自然环境、文化有机统一的环境中自然发展；生态化教学的内容也是一个有机整体，打破学科间的界限，跨学科的教学内容整合，是生态化教学内容的一个重要特点；生态化教学的研究方法也是系统整体的方法。

（三）生态化教学的自组织性

自组织不是目的论，甚至也不是目的性的，它是个开放的概念。自组织性也就是教学系统不受外部指令的影响，各因子共时性与共空性、共享性与共轭性相统一的生存方式，以及单个因子自我拉动、自我发展和各个因子间互动、互馈、互生逐渐走向生态有序的过程。卡普拉指出，自组织的两种最重要的动态现象是自我更新和自我超越。自我更新就是在保持结构完整的同时，生命体不断更新部分的能力；自我超越就是在学习、发展和进化中，创造性地跨过自己躯体的智慧界限的能力。生态化教学过程各因子间相互输入与输出，以达到互补和自足；在互动过程中，各因子间要相互反馈，排除那些不利于整体发展的因素，以达到相互依赖、相互制约；同时，生态系统需要随外界环境的变化而不断更新，这种更新不是巨变，而是各因子根据外部文化、经济、伦理环境的需求，不断自我否定、自我转化，最后又在新的水平上相互结合，最终推动整个生态系统的更新，教学过程系统中各因子互动、互馈、互生的内在矛盾运动是生态化教学合理性的生命力所在。

（四）生态化教学的开放性

生态化教学首先是一个整体协调发展的系统，但这个系统并非是封闭自循环的，它是一个开放的系统。有研究认为开放是一个系统实现有序的必要条件，一个系统只要是开放的，即与外界有信息与能量的交换才可能有序。生态化教学作为一个系统，具有两个层次的开放性：第一，整体与外界的信息交流，即教学与自然环境、社会文化等之间的信息交流。通过这种交流教学过程获得发展的资源与动力，同时推动自然环境、社会、文化与学生个体的协调发展；第二，系统内部各子系统之间的信息交流，即教学目标、教学过程、教学内容、教学评价等子系统间的信息交流，通过这种交流，教学过程保持了系统整体性，各子系统构成一个完整的有机整体。生态化教学的开放性使其自身充满了生机和活力。

（五）生态化教学的丰富性

生态化教学的丰富性源于教学内容的多样性和对学生个性的尊重。生态化教学具有丰富的课程资源，它将课程界定为教育性经验，使课程不再局限于学科、教材及学习计划，涵盖了显在课程和潜在课程两个方面，包括学生的行为改变和内在感受两个层面。生态化教学始终是在尊重学生的个体差异和促进他们个性化发展的指导思想下展开的。

（六）生态化教学的过程顺应性

生态化教学的教学过程是一种顺应的过程，是一种顺应性的发展。需要特别指出的是，这里的发展是“无为性”发展，是一种顺应学生自然状态的发展，是“自然而然”的发展。这里的发展区别于20世纪60年代在教学论中出现的专门术语“发展性教学”。“发展性教学”指在教学过程中，除了形成知识和专业技能外，还应该采取专门措施来促进学生的一般发展，这一思想的一个重要理论假设是学生的一般发展是他们进步发展的重要基础。赞可夫说：“早在教学与发展问题研究初期，我们就提出一个假设：学生的一般发展是他们从事学习、掌握知识和技巧的过程中取得优良成绩的基础。”由此可知，“发展性教学”强调的是学生的最一般意义上的能力的发展，如智力、动作技能、情感意志，而生态化教学的发展性并不特指学生某一种能力或者是某一方面能力的发展，而是顺应学生个体的本真状态，使这种本真状态得以充分展现。正如联合国教科文组织对教育性质将要发生的变化所作的预测所说：“到那时，问题就不再是培养儿童为某一特定的社会做好准备，即不再是不断地向他们每个人提供有助于其理解周围世界并成为有责任感的和公正的参与者的力量和知识方面的标准。教育的基本作用，似乎比任何时候都更在于保证人人享有他们为充分发挥自己的才能和尽可能牢牢掌握自己的命运而需要的思想、判断、感情和想象方面的自由。”

三、生态课堂与生态化英语课堂

生态课堂是在教育生态化的背景下提出来的，“生态”一词在这里起修饰限定作用，即“生态化”，因此生态课堂也可以称为“生态化的课堂”。生态课堂是课堂生态理论建构的实践指向，也是理想中的课堂，它是一个具有价值导向的概念，是对理想课堂生态的整体描述，其鲜明特点就是生态性。生态课堂强调课堂环境的整体生态功能，以联系和谐、全面发展的思路处理课堂中的主要要素，以动态的眼光看待教学过程，以开放的心胸面对课堂中的差异，以多元的方式反馈和评价。

生态化英语课堂与其他英语课堂一样，除了进行语言训练外，在课堂教学过程中，教师还要不断激发学生学习外语的兴趣，帮助他们树立学好外语的信心，养成良好的学习习惯，并与学生一起探讨学习英语的策略。更重要的是，英语课堂也要对学生进行素质教育，在培养自我创新、自主学习能力与实践能力的同时，应结合英语的特点，使学生认识到中外文化的差异，逐步增强跨文化交际意识。在中国，英语的学习是逐步学得的而不是习得的，因此在英语课堂上，大部分时间是花在英语基本知识的传授与交际能力的培养上。英语教学的具体实施过程主要在课堂，新课标的要求只有在课堂上才能得到具体践行，课堂是教师和学生交流的主要场所，是教师控制学生情感因素、协调学生行为、保证语言输入质量的地方。而生态的英语课堂能适应英语课程标准的要求：在英语课堂上，要有和谐的师生关系、有整体发展的教学目标、有互动生成的教学过程，要有系统化、多样化的教学评价，要创设一种和谐、充满关爱的课堂人际氛围，要变革教学方式、实现课堂生态动态发展的平衡；有完善的自然物质环境，有科学与人文并重的规范制度环境；有积极健康的心理精神环境，更要有关注语言输入和运用的语言环境，高校英语课堂应不断关注学生的成长，同时也关注教师的发展，应是教学共生的课堂。

第二节　国内外研究综述

一、国外研究状况

1932 年，美国教育学家沃勒（Waller）首次提出“课堂生态学”的概念，并阐述了课堂生态学的基本含义和基本原则，课堂生态学的研究从微观层面扩展到更为宽阔的领域。自 20 世纪 60 年代起，学者从课堂生态的微观领域研究课堂环境与整个课堂生态因子的关系。2001 年，Tudor 出版了 *The Dynamics of Language Classroom* 一书，在此著作中，也详细谈论了语言生态课堂。之后，Leather 发表了一篇 *The Language Acquisition Ecology* 的文章，标志着在生态视角下谈论外语语言课堂的开始。自此，基于生态学的理念的语言课堂的研究越来越多，而国外的研究主要聚焦于课堂的主要生态因子及生态结构对语言课堂的影响。

（一）各种主要的生态因子

1. 课堂环境

课堂环境有时被称为课堂生态环境、课堂气氛，或者教室环境，包含物理的、社会的、心理的环境。课堂的物理环境一般包括颜色、温度、教室布置、座位编排、班级规模、教学工具等。对于课堂环境的研究表明，颜色对人的身体与心理发展及课堂活动的展开会产生不同的影响，浅色可以使人消除疲劳、心平气和，从而提高学习效率，而深色会使大脑产生兴奋，在一定程度上会引起焦虑；最适宜于学生智力活动的教室温度是 20℃～25℃，环境温度每超过 1℃，学生的学习能力就会相应地降低；教室的布置会影响到学生和教师的心理情绪，干净、整洁、整齐的教室布置会使人产生欢乐、舒适的感受及继续在其中活动的愿望，反之，则会让人产生压抑、想逃脱的欲望。惠尔多通过观察研究“行列式”编排和“圆桌式”编排的不同表明，在行列编排中，学生能够将注意力集中于学习任务，其专心程度要比“圆桌式”高出 15%，但是不同个性的学生可能会喜欢不同的排列方式，对于语言的学习“圆桌式”编排效果更好。学生的位置与他们的学业成绩有很大的关系，坐在前排和中间的学生学习积极性更高，学习更主动、更喜欢教师，学习动机也更好。有很多研究表明，班级规模作为课堂环境生态因子的另一个重要因素，与学生的学业成绩有大的相关性，小班的成绩高于大班，人数超过 30 的班级，其学习成绩优于人数超过 60 的大班；学生学业成绩与教学时间长短也有一定的关系，100 课时以上的小班教学比不足 100 课时的教学更能显示出小班教学的优越性。

国外课堂物质环境的研究，虽然是针对整个学科课堂的研究，但同时也为语言课堂物质环境的构建提供了有效的参考价值。生态的英语课堂的物质环境也应该包括浅淡的装饰色彩、适宜的室内温度、安静的课堂环境、整洁的教室布置、合理的座位编排、适宜的班级规模及个性化的小班教学。作为语言课堂的特有属性，还要考虑到适当的语言环境。

课堂的社会环境主要是以班级制度为主的文化环境，它介于自然环境与心理环境之间。课堂文化具有独特的内涵和特点，它体现出教师和学生对课堂的教学信念和观点。课堂制度文化建设的目的主要是确保教学理念的贯彻落实，为理想的人才培养提供制度上的保障。课堂心理和生理环境主要考虑学生在课堂上学习的情感、兴趣等因素，并考虑其接受知识时的认知过程，同时还要考虑学生的智力因素及生理状况等。

英语课堂的文化环境和生理心理环境，不仅要考虑到英语课堂的制度规范、英语学习氛围、跨文化交际意识，还要考虑师生关系的融洽程度、英语课安排的时间及英语课的课时等。只有这样，才能全面关注到学生英语学习的条件。对课堂环境的测量量表主要是特里凯特和穆斯在默里的需求—压力的互动模型的基础上，并以默里提出的人类环境的三个纬度（关系维度、个人发展纬度、系统维持与改变纬度）为框架研发出来的。穆斯和特里凯特课堂环境量表（Classroom Environment Scales，CES）用于中学课堂环境的测量，测量不同课堂中学生的感受性与他们的成绩是否相关。在关系维度中，包括学生的参与、教师的亲和力、教师支持；在个人发展维度中，又分为任务、取向、竞争；而在系统维持的指标中又分为秩序与组织规则明晰度、教师的控制与创新等。教师互动问卷（Questionnaire on Teacher Interaction，QTI）是对教师人际关系的考察，此问卷是沃贝尔斯和列维一项专门调查课堂环境中教师和学生的互动的研究，内容主要包括学生凝聚力、教师支持参与、探究、任务取向及合作等方面。教师的行为及人际关系会深深影响到课堂的教学效果及学生的学习成绩。教师的教学行为，如筛选教材、教学方法、学习策略及改善评估方式等，会影响到课堂教学，而人际关系会影响到课堂气氛的营造和保持。教师给予学生理解和关怀，会使学生在学业上取得更大的成绩，反之，则会产生消极的影响。

2.学生因子

学生因子主要考虑到学生的年龄、性别、智力、语言潜能、认知风格、动机态度、个性等与教师课堂环境之间的关系。在英语课堂生态系统中，学生知识的获得主要是在教师的传授和指导中通过不断内化吸收实现的。在生态英语课堂中，学生不再是知识的被动接受者，而是主动的意义的建构者和学习者。课堂的主要教学活动和学习活动只有在学生发挥主观能动性的情况下才能产生，而且同伴在外语课堂的合作学习，能增强他们的合作互助能力；在语言课堂上，不论教师使用怎样的教学方法，学生首先要有学习语言的动机和强烈的学习愿望，这样才能带来很好的学习效果。学习动机可以多种多样，对某一语言的偏爱会激发学生的综合性动机，这种动机所激发的学习欲望比工具性学习动机要大得多。虽然学习动机来自学生本身，但教师仍然可以以不同方式影响和鼓励学生。学生在课堂上要对自己负责，他们应该在教师的指导下自学，乐意听讲并善于吸收、愿意展示、愿意提问、愿意思考、愿意接受教师的批评指正。

3. 教师因子

教师作为课堂的一个主要生态因子，负责协调、管理、引导、反馈，对整个课堂活动和课堂环境起着非常重要的作用。教师自身及在课堂上与学生互动活动中的信念能影响整个教学过程。教师能够为学生创造浓厚的课堂学习氛围，而良好的学习氛围的构建又能使学生变成一个自主的学习者。教师在语言课堂教学活动中，能以清楚、有趣、激励的方式展示教学内容，实施教学活动；以激励的方式实施教学行为，会激发学生学习的动机和灵感。教师在课堂上应减少负面评价，多鼓励、少批评，在课前课后给予学生建设性的学习意见，引导和指导学生回答问题；适当的课堂管理，可以为学生创造一种放松的学习氛围，帮助学生解决学习中的困难、发展学生的个性、维持与同伴之间的关系。人本主义的教师特别注重学生在课堂中的自我表现，在语言课堂中他们给予学生更多的自我展示机会，尊重学生的个性差异，并实施一些激励措施使整个课堂气氛融洽，师生关系和谐。教师需要使用英语同时尊重学生企图用英语表达自己的欲望来展示自己的自信。以学生为中心的教师，认为他们所说的和所做的对学习者的发展和成长意义重大。教学是一种态度和价值的展示过程，而不仅仅是信息的传递。

4. 教学活动

教学活动主要指在教学过程中所使用的课堂互动的活动类型、教学方法、策略方法的指导，教学内容的分配，教学目标的实施等。在语言课堂上，一般采用的活动类型是独白（monologue）、对话（dialogue）、两人小组活动（pair-work）、小组活动（group work）、讲故事（storytelling）、角色扮演（role-play）、辩论（debate）等。这些课堂活动对构建自主、合作、探究的学习方式，营造浓厚的学习氛围，发展自我学习能力，培养集体意识起着非常重要的作用。当前外语教学方法主要有语法翻译法、直接法、听说法、认知法、交际法、任务型教学法。不同的教学方法可以产生不同的学习策略，同时也会对听说读写教学内容的分配产生影响，教学目标的实施贯穿在教师和学生的互动的整个教学活动中。

（二）外语生态课堂的结构

教师、学生、课堂环境及教学活动是构成课堂生态的基本要素，也是构成课堂生态结构的主要纬度。对课堂结构的研究，一是要把握生态要素之间的关系，确立整体的观点；二是要揭示课堂生态要素的互动机制，以动态的观点来把握生态课堂。实质上，根据课堂结构在课堂上表现为关系论和发展论。生态课堂要整体考虑各个因子对课堂教学的影响，还要考虑到这种课堂结构是动态的，是不断变化发展的。分析生态课堂的结构能够更好地理解课堂生态的具体问题。华特金通过归纳前人对生态课堂的研究，构建了课堂教学活动系统要素的模型，最终提炼为目标、任务、社会结构、师生角色、教学资源及时间和步骤，基于这个模型推演出了三个教学方法，即讲授式课堂生态、建构式课堂生态和共建式课堂生态。

二、国内相关研究

20世纪60年代，台湾师范大学教育学系方炳林著成了《生态环境与教育》一书。80年代后期，李聪明所著的《教育生态学导论》一书针对台湾教育的现状，运用生态学的原理，对各种教育问题进行反思。90年代，南京师范大学吴鼎福教授出版了《教育生态学》。任凯、白燕、范国睿等学者也相继著书论述教育生态学的理论和研究方法。2005年，南京师范大学汪霞在《全球教育展望》发表论文《我们的课堂生态了吗》，进一步对课堂生态进行了叙述；同年，范俊军发表了《生态语言学研究述评》一文，指出要“研究任何特定语言与环境之间的相互作用关系”，并将语言环境与生物生态环境作隐喻类比；张正东教授也在《我国外语教育的国情特点》一文中将整个外语教育视为“有如一片茂密的树林里，绝不会只生长单一树种”的生态教育。2007年，华南师范大学郭思乐教授发表《教育走向生本》，将教育从“以学生为本，以学生的发展为本”延伸至“以人为本，以生命为本”。2012年，于永昌教授的《生态化教学》尝试从自然科学、人文科学、社会科学及思维科学各个领域多学科地切入“生态化教学”。学者们分析了外部和内部环境对教育的影响，从不同角度探讨了将生态学原理运用在我国教育领域的可能性和发展前景，对本研究具有重要的指导意义，教学理论的研究呈现出崭新的态势，教育生态研究成为我国教育科学研究的重要领域之一，激发了年轻学者们的研究热情，鼓励广大教师积极投入教育科研领域，丰富自身的理论素养，更好地指导教学实践。近年来，随着基础教育课程改革的逐渐深入，我国学者对课堂生态的实践研究也取得了丰硕的成果。已发表的研究论文有彭胜生的《生态视角下课堂内涵及构建研究》、倪春玲的《生态课堂模式在高一英语语法教学中的运用》、杜召风的《生态课堂的构建》、徐陶和彭文波的《课堂生态观》、黎琼锋的《试论生态课堂及其建构》、余嘉云和顾建梅的《生态化教学：教学研究的生态主义取向》等，研究者们从生态学角度探讨构建生态课堂的策略，分析生态课堂中师生的角色定位、学习方式、教学手段、评价体系的转变以及课堂资源的利用等问题。

三、相关理论

（一）建构主义学习理论

建构主义最早由皮亚杰提出，是行为主义发展到认知主义之后的产物。建构主义认为学习不是学习者消极被动的机械积累过程，而是一种主动建构过程，是学习者在对外信息选择加工的基础上，通过对新旧经验的发现、比较、整合进行双向互动建构的过程；知识是在主体与环境的交互作用过程中，通过意义建构而获得的，学生是信息生成、意义建构的主体，教师则是意义建构的协助者、引领者。建构主义学习理论（the theories of constructivism）认为："知识不是通过教师传授得到的，而是学生在一定的情景下，借助学习知识的过程中其他人（包括教师和学习伙伴）的帮助，利用必要的学习资料，通过意义建构的方式而获得的。"教师不能无视学生的旧经验，把新的知识硬塞给学生，而应引导学生自己构建知识，并提供与之相适应的环境，促使学生养成良好的习惯及思维方式，提高他们解决问题的能力。课堂教学应该以学生为中心，强调学生原有的知识经验，强调学生对知识的主动探索、主动发现，强调学生对所学知识意义的主动建构，让知识在学生主动接受、内化自己的知识体系时派上用场。

（二）人本主义理论

20 世纪 50 年代到 60 年代，人本主义心理学在美国兴起，代表人物是美国心理学家马斯洛、罗杰斯和弗罗姆。人本主义理论认为：人的本质是好的、善良的，他们不是受无意识欲望驱使，并为实现这些欲望而挣扎的野兽；人有自由意志，有自我实现的需要；只要有适当的环境，他们就会力争达到某些积极的社会目标。人本主义理论（the theories of humanism）认为学习是学生个体知识积累的过程，学习的实质就是学习者获得知识、技能和发展智力，探究自己的情感，学会与教师及班集体成员交往，阐明自己的价值观和态度，实现自己的潜能，达到最佳境界的过程。优化课堂生态教学环境的前提是强调教与学的过程是促进学习者个体发展的过程，强调学习是人固有能量的自我实现过程，人的成长源于个体自我实现的需要，强调人的正面本质和价值，强调人类学习过程中的一些非智力因素，如动机、情感、人际关系对学习产生的影响，还强调教学的目标在于促进学习，因此学习并非教师以"填鸭式"严格强迫学生无助地、顺从地学习枯燥乏味、琐碎呆板、现学现忘的教材，而是在好奇心的驱使下去吸收任何他自觉有趣和需要的知识。学生的发展离不开与其朝夕相处的课堂微观环境，优化课堂生态环境要扩大其生存空间，提高其生存质量，真正实现"以人为本”的教育理念，使教育具有创造人的价值的意义。

（三）生态外语课堂教学观

随着新世纪的到来，生态语言学的基本观点正影响着第二语言习得与学习和外语课堂教学理论等领域，出现了《语言习得生态学》（*Ecology of Language Acquisition*）、《语言课堂之能动性》（*The Dynamics of the Language Classroom*）等一系列著作，生态外语课堂教学观正在逐渐形成。生态外语课堂教学观认为：“外语学习是学习者的知识和经验与外界环境互动的过程；外语课堂教学中多种因素互相依存与制约，构成了一个生态系统的整体；能动性使外语课堂教学产生并保持旺盛的生命力。”生态外语课堂教学观认为学习是学习者的知识和经验与自然、物质、社会与人文等环境互动的过程，仅仅因为认识到环境的重要性而创设良好的环境是远远不够的，还应该跟踪到具体的学生如何适应环境、利用环境为自己的学习服务。高中阶段，英语课堂中有形的因素与无形的因素会直接或间接地影响课堂教学的进行，如何认识与处理每个矛盾内部及与其他矛盾的关系，决定了课堂教学的方向、特点和成效。生态学把全球看作一个能动的生态体系，生态外语教学观把外语课堂视为一个复杂而又可变的体系，英语课堂教学活动是教师和学生有意识地互动并与其他因素互动的结果，正是这种互动构成了外语课堂的能动性，使外语课堂拥有旺盛的生命力。

第三节　课堂生态教学的社会学基础

一、课堂教学社会学的基本框架

国外的课堂教学社会学若从沃勒算起，至今已有60多年，所涉范围不可谓不广，课题不可谓不多，但总的来说，国外学者对于这一领域到底应研究哪些问题，并无一个比较全面、系统的认识，更未有相应的较为明晰的“说法”，以至于不少研究因缺少对于这一领域的整体把握而导致其研究结论多半“就事论事”，这是国外这一研究领域其实也是其他许多研究领域的一种总体上的缺憾，也是我国的课堂教学社会学所应避免的。为此，我们在对课堂教学的社会学层面进行较为严密的逻辑分析的基础上，提出了这一研究领域的基本框架。相对于课堂教学哲学与课堂教学心理学，课堂教学社会学的基点是将课堂教学视为一种特殊的“社会活动”，无论研究范围有多广、课题有多少，其研究对象归根到底都属于“课堂教学的社会性”的范畴。因此，课堂教学社会学的基本框架实际上是对课堂教学的社会性进行结构分解的一种结果。

课堂教学的社会性包含三个层面，一是作为“受体”的课堂教学的社会性，可称之为“课堂教学的社会规限性”。它表明课堂教学作为社会的产物，必然要受到各种社会因素的影响。因此，课堂教学社会学不能不首先考察课堂教学的社会制约因素，采用从表层因素渐次向中层因素和内层因素靠近的考察方式，可逐次考察课堂教学的物质基础、制度基础及（狭义的）文化基础。二是作为“本体”的课堂教学的社会性，可称之为“课堂教学的社会独特性”。它表明作为一种相对独立的社会子系统，课堂教学总有区别于其他子系统的独特的自身构成及运作过程。为此，课堂教学社会学必须分析课堂教学的自身社会系统，分析该系统中的“社会角色”，分析这些角色所负担的“社会责任”，分析具有一定文化特性的角色所发生的“社会行为”，分析这些社会行为所展现的“社会过程”，并分析在上述因素共同作用下所形成的课堂教学的社会学模式。三是作为“主体性”的课堂教学的社会性，可称之为“社会能动性”。它表明课堂教学不可能只是被动地承受外部影响，不可能只是自我消化式地循环运转，作为系统的一种输出，它必然要反作用于外部社会。如此，课堂教学社会学就需要探讨课堂教学的社会功能。逻辑地来看，可逐次探讨课堂教学的功能期待、功能现状、功能选择。

除此之外，还可对课堂教学社会学这一学科领域本身加以探讨。此可谓“课堂教学社会学的元研究”，主要探讨课堂教学社会学的研究对象，包括子研究领域与研究范式。上述基本框架列示如下，对框架中的每一部分均可作进一步的结构分解，从而形成逐次细密的研究框架：第一，课堂教学社会学的元研究，包括课堂教学社会学的研究对象、课堂教学社会学的研究范式。第二，课堂教学的社会基础，包括课堂教学的物质基础、课堂教学的制度基础、课堂教学的文化基础。第三，课堂教学的内部社会系统，包括课堂教学中的社会角色、课堂教学中的社会文化、课堂教学中的社会行为、课堂教学中的社会过程、课堂教学的社会学模式。第四，课堂教学的社会功能，包括课堂教学的功能期待、课堂教学的功能现状、课堂教学的功能选择。

二、课堂生态教学社会学的基本理论

（一）关于课堂生态教学的社会基础

课堂教学不是在真空中进行的，课堂教学与其外部社会之间存在着一种交换关系。这一关系的首要方面是外部社会对课堂教学的“输入”，其中既有物质层面的输入，也有制度层面的输入，更有文化层面的输入。三者渐次递进，构成了作用于课堂教学的“外部影响因素圈”。这种“外部影响因素圈”既是现行课堂教学赖以进行的条件，又规限着现行课堂教学出现变化的可能性。从最终意义上讲，外部影响因素是综合产生作用的，但“分析”地来看，物质基础、制度基础及文化基础这三者的影响又存在着基本对应于其自身属性的差异，即物质基础的影响更多地表现于课堂教学的表层（如空间形态、技术手段等），制度基础的影响更多地作用于课堂教学的中层（如课堂组织、评价制度等），文化基础的影响则更多地涉及课堂教学的内层（如教学的价值取向、内容结构、行为方式等）。

（二）关于课堂生态教学中的社会角色

课堂教学中的社会角色不仅可以从人们通常采用的角色承担者的社会身份这一维度，分为教师角色与学生角色两大类，还可以从角色功能与课堂教学任务的联系这一维度，分为正式角色（或称制度化角色）与非正式角色（或称非制度化角色）两大类。正式角色是指为了完成课堂任务而明确规定的角色，非正式角色则是课堂教学参与者自觉地或不自觉地扮演的非明确规定的角色。将上述两个维度结合起来，可区分出课堂教学中的两大角色类别，即教师正式角色（包括学习动机激发者、学习资源指导者、教学过程组织者、课堂行为与学习效果评价者等），教师非正式角色（包括教育知识分配者等）；学生正式角色（包括既定课程学习者、课堂活动参与者、课堂规范遵守者等），学生非正式角色（包括主体地位谋求者、展示机会竞争者、肯定评价寻求者、同伴与教师行为制约者等）。相对而言，无论是教师还是学生，课堂教学中的正式角色都具有两个主要特征，即带有明显的社会强制性及存在着相对统一的、外在的专门评价标准；非正式角色则具有两个恰好相反的主要特征，即带有明显的主体自发性及难以出现相对统一的、外在的专门评价标准。无论是正式角色还是非正式角色，课堂教学中的教师角色也都具有两个主要特征，一是自身行为被全面地合理化，二是对学生的评价被全部饰以合法化，学生角色的主要特征则在于离群倾向与依群倾向并存。

社会中的个体总是处于一定的位置上，或者说具有一定的社会地位。社会有着自己的规范，对处于不同地位的人有着不同的要求，当个体依照社会对他的期望去履行其义务、行使其权利时，他就必然扮演着一种角色，他的社会行为乃是一种角色行为。① 社会角色理论的重要代表人物是美国人类学家、社会学家林顿，他认为角色可以定义为在任何特定场合作为文化构成的部分提供给行为者的一组规范。在社会舞台上，人不能随心所欲地扮演角色，角色的承担者首先要有一个确定的过程，或者说需

① 童星．现代社会学理论新编［M］．南京：南京大学出版社，2003：19.

要经过“认同”，证明一个人的实际地位、身份等与其承担的角色相一致，即它指示着人们“应该做什么”和“不应该做什么”，以及“应该怎样做”和“不应该怎样做”。人们严格地按照社会对这一角色的权利和义务所作的限定和规范去做，满足社会的期望。社会角色具有自我表现功能，这使不同的人在共同的社会期望之下扮演同一角色时能表现出各自不同的特点。人作为社会成员，既有共性，又有个性，而个性是他的独特之处，有个性表明人有独立的意志、性格，有独到的见解、独特的思维。在不同的角色扮演中，每个人都表现出自己的特点来，这是由个人的性格、兴趣和爱好决定的。社会角色最基本的功能是角色互动功能。角色与互动是两个关系十分密切的概念。一方面，角色通过互动表现自己，而互动又是角色之间的互动；另一方面，角色的扮演和形成也无一不是在互动中进行的。正如特纳所说：“人类创造和使用符号，他们用符号交流，他们通过角色扮演进行互动；这种角色扮演涉及识别他人使用的符号。由互动产生的心灵和自我使人类成为独特的物种。反过来，人类这类能力的产生又使互动成为社会的基础。”①

角色的本质表现为由社会地位所决定的社会期望与个体的角色扮演能力之间的统一。在现实生活中，我们正是根据角色的社会期望才能得以准确地把握自己的行为并预知他人的反应，才能正确无误地使用符号并理解他人所用符号的意义，从而与他人顺利地进行互动。没有个人就不会有社会，没有社会也就不会有个人，社会正是通过社会中的人与人、人与群体、群体与群体之间以信息传递的方式发生相互作用而形成的。也就是说，社会是由互动中的个人组成的，社会是人与人互动的产物。而个人正是通过各自的角色与他人互动的，角色通过互动表现自己，角色的扮演和形成无一不是在互动中进行的。离开了互动，角色就没有了存在的意义。在课堂生态环境中，他们各自承担着不同角色，不必顾及别人的评价，可以尽其所能，畅所欲言。学生有困难时，向伙伴求助者最多。向伙伴求助有利于提高学生的发展功能。发展功能是指对于学生的社会能力的促进作用，这种社会能力包括表达自我的能力、展现自我的能力、相互沟通的能力、合作能力。这些社会能力只有通过人际交往活动才能得到发展。只有在关系平等的人际交往中，个人才会获得更多展现、质疑、沟通、调解及合作的机会，学生的社会能力才能得到最大程度的发展。

（三）关于课堂生态教学中的社会文化

课堂教学有复杂的文化结构。从文化之“标准”上看，有规范文化与非规范文

① 童星．现代社会学理论新编[M]．南京：南京大学出版社，2003：19.

化之分；从文化之“地位”上看，有主动文化与受抑文化之别；从文化之“品味”上看，有学术性文化与日常性文化之异。在这个意义上，可以说课堂教学过程乃是文化碰撞与文化生成的过程，课堂教学中的文化碰撞既发生于文化主体双方均出现可观察到的外在行为之时，又可能发生于文化主体双方中只有一方出现可观察到的外在行为之时，只是其前提是这种行为以另一方为对象，前者属于“显形碰撞”，后者则为“隐形碰撞”。发生碰撞的文化之间可能是互为同质的，也可能是互为异质的。这样，课堂教学中的文化碰撞就有四种类型，即显形的谐和性碰撞、隐形的谐和性碰撞、显形的冲突性碰撞及隐形的冲突性碰撞。后两种碰撞会影响到课堂教学中的文化运作状况。课堂乃是社会的一种“制度化场所”，是社会委托教师对学生进行个体社会化的基本环境，因而课堂教学中的文化运作首先体现为教师对课堂文化的选择，选择依据有社会要求、学生可接受及老师自身价值取向性。教师在选择的基础上对课堂文化加以建构。正是在这种建构过程中，发生了各种文化的碰撞，既有师生之间的，又有学生之间的。这些文化碰撞或者强化着教师的文化建构力量，或者削弱这一力量。无论是哪一种情况，课堂教学的结果最终都将生成一种符合其内部各种“文化势力”之对比结果的总体文化，其具体表现形式之一就是由特定的教师和学生所进行的课堂教学的总的“文化氛围”。

（四）关于课堂生态教学中的社会行为

课堂教学的社会行为五花八门，根据行为的主体及对象的不同，可以大致区分为师生间行为和学生间行为。由于师生之间在课堂中存在着制度性的身份及地位之级差，而学生之间并非如此，师生间行为的主要性质与学生间行为的主要性质有所不同。师生间行为的主要属性首先是“控制与服从”，课堂中教师指向学生的行为或许有变化（包括采用“民主的”“平等的”“合作的”方式），但万变不离其宗，此“宗”即为“课堂控制”，控制乃是教师的课堂行为的社会学本质。与之相应，教师对于学生回应自己的控制行为的期待也就可归结为一点——服从（包括要求学生对于自己采用的“教学民主”之类的方式的服从）！服从乃是教师对于学生的课堂行为属性的一种暗默式的制度规定。在大多数情况下，学生在课堂中指向教师的行为确为服从，但总有不服从之时，这时师生间行为的主要属性便转变为“控制与反控制”，而当学生的反控制行为达到一定强度时，师生间行为的主要属性实际上成了“相互对抗”。在完成课堂教学任务（对教师而言）和免受不必要的惩罚（对学生而言）的压力下，相互对抗可能会转向“相互磋商”，或既相互对抗又相互磋商。学生间行为的主要属性是竞争与合作，学生在课堂中展现自我（如争先发言、要求与众不同的表达、贬抑他人等）、保护自身利益（如不外借学习用品、不回应别人的求助等）及取悦于教师（如揣摩教师的思路回答问题，完全按教师的要求去做等）均属竞争行为。学生间竞争行为既是学生的天性使然，又有教师的课堂教学策略方面的原因。可以说，它是一种超文化传统、超教育制度、超时代背景的普遍的课堂现象。至于学生间的合作行为（尤其是真正意义上的直接合作），则要看特定的课堂教学系统是否为学生间合作提供必要条件，包括有无专门的课堂学习小群体，有无专门的学生群体活动时间等。

（五）关于课堂生态教学中的社会过程

课堂教学不仅是以知识的传递和学习为基轴的教育过程及以个体心理品质的训练与养成为主线的发展过程，还是以人际互动为中心的社会过程，课堂教学对于学生个体社会化的影响，在相当程度上仰仗于其中的社会过程。课堂教学中的人际互动过程主要因课堂群体状况及教师的课堂控制风格而异。若课堂中并无专门的学习集体（如课堂学习小组）且教师采取的是专制式教学，那么所谓的课堂人际互动过程基本上是教师与全班学生、学生与学生个体互动的过程，而作为教师交往对象的学生个体也基本上均由教师指定。若课堂中虽无专门的学习集体，但教师采取民主式控制，则课堂人际互动过程当含有教师同全班学生或学生个体，以及学生个体同全班学生互动这三种基本成分，并且后两者比重较大。此时，学生个体主动与教师互动、与全班同学互动的积极性也更高。若课堂中有专门的、制度化了的学习集体，而教师的课堂控制风格属于专制型，那么课堂人际互动过程中除了教师与全班学生及学生个体互动外，还会增添教师与学生小组、学生小组内个人之间，乃至个人与小组之间的互动成分，此时学生参与人际互动的积极性往往存在着较强烈的反差现象，即学生乐于与学生互动，但厌于与教师互动。若课堂中有专门的制度化了的学习群体，并且教师的课堂控制风格属于民主型，则课堂人际互动过程将有可能包括教师与学生个人、学生小组、全班学生之间及学生个体之间，学生小组之间，学生个人与小组之间，学生个人与全班学生之间等各种各样的互动成分，并能达到谐和状态。

与上述人际互动过程相伴的是规范形成过程。换言之，课堂教学参与者们正是在人际互动过程不断地相互了解、相互调适后，才逐渐达成对确保特定的课堂教学活动顺利进行所必需的那些游戏规则的共识，从而建构出特定的课堂活动规范。这些课堂活动规范既含有制度性规范，又含有非制度性规范。倘若我们将视线集中于教师在课堂中对于学生同自己互动的机会的分配情况的话，那么我们便可发现课堂教学中存在着知识分配过程，这一过程可能是公平的，也可能是不公平的。倘若我们将视线集中于教师对学生课堂言行的价值评判的话，那么我们又可以发现课堂教学中还存在着知识（文化）标定过程，这一过程可能是公正的，也可能是有欠公允的。学生正是通过上述各种人际互动过程及与之相伴的规范形成过程、知识分配过程和文化标定过程等，不断地被加以社会化的。

第四节　课堂生态教学的教育学基础

教育学作为一门研究教育现象和揭示教育规律的科学，对现代的教育理念和教育行为都有很大影响。随着科技的进步、时代的发展，人们的思想观念也在转变，对教育教学的要求也越来越高。生态课堂的教育观念凸显了人的主体性，强调人与自然、社会的和谐统一，更关注人的生存和全面发展。

一、主体性教育理论

主体性教育理论在中国经过 30 多年的发展，由最初 20 世纪 80 年代对教师与学生关于主客体关系问题的讨论，到 20 世纪 90 年代形成一场声势浩大的教育改革运动，并由理论进入到实践领域。主体性教育理论主张人本教育，反对物本教育；主张把人培养成主体，反对把人培养成工具，即以“主体性教育培养主体性的人”。因此，我们把主体教育界定为教育者通过利用其教育手段（教育内容、教育方法、教育场所等），引导和启发受教育者的教育需求，有目的、有计划地规范和组织各种教育活动，在宽松、民主、和谐的教育环境中，不断增进教育者的主体意识，提高其主体能力，完善其主体人格，从而把受教育者培养成为能够自主地、能动地、创造性地进行认识和实践活动的社会主体。[①] 现代教学是现代教育的组成部分，课堂教学是教育教学思想实践的主要场地，因而主体性教育理论反映到教学中，就是创设良好的教学环境，充分发挥学生的主体性，激励学生积极、主动地投入到学习中去，创造性地思考，创新性地学习，获得主体性的发展。传统的课堂教学，其价值取向仅仅建立在“单一地传授教科书上现成的知识”，不注重知识的创造过程与思维方式，不注重师生的情感体验与生命价值。在教学目标上，重教学的社会功能，轻个人的个性发展；在教学形式上，重同步教学，轻异步教学；在教学方法上，重灌输，轻启发；在教学评价上，重识记、重分数，轻理解、轻过程、轻创新。其实质是不关注人的发展。随

① 靳玉乐 . 探究教学论 [M]. 重庆：西南师范大学出版社，2001：19.

着教育教学改革的进行，传统课堂教学必然受到挑战，必须革新，其核心就在于成功地构建学生的主体地位，使学生得到全面发展。学生的主体性体现在以下几个方面：第一，学生有其自主性，即能支配自己的意识和能力，能自己确定目标，并为实现所确定的目标进行自我调节。第二，学生具有主动性，能积极地适应外界环境，有强烈的兴趣、求知欲、成就动机等。第三，学生具有创造性，能独立地思考问题，有新的想法，并有动手实践的能力。

教育无论是作为培养人的实践活动，还是人自我建构的实践活动，其最终目的都是指向个体的完满与整体建构，而这种建构必须置于一定的“关系”和“互动”之中才能进行和完成。交往作为人与人之间相互往来、相互作用的活动方式，以其具有多因素间的相互沟通、交流的特殊性质，被赋予了深刻的教育内涵。学生主体性的培养、整体生命的建构都是在教育交往中进行的，所以主体性教育理论中重要的思想就是教育交往。正如雅斯贝尔斯所说，对话是思想本身的实现，所以教学交往的主要形式是对话。这种对话不仅限于一问一答，而是广义上的交谈行为，也包括教学中所有用语言的互动作为。教学对话是教师与学生、学生与学生基于互相尊重、信任和平等的立场，通过言谈和倾听进行双向沟通、共同学习的方式。在教学交往中，重构师生关系和生生关系，尤其是学生与学生之间的交往关系应受到重视，因为在学习中，同伴的影响是不可忽视的，学生在同伴群体中更能发挥其主体性，展现其能力，找到自尊。

二、教学工学理论

课堂教学工学（classroom instructional technology）理论认为，影响课堂学习质量及社会心理气氛的因素主要有三个，即任务结构（task structure）、奖励结构（reward structure）和权威结构（authority structure），三者相互联系。学习的任务结构主要是指教学活动中教师和学生采用的活动方式。其一包括教学方式方法，如讲解、提问、实验操作、作业练习等；其二包括教学组织形式，如集体教学、分组教学或个别教学。在分组教学中，又有同质分组和异质分组两种形式。在生态课堂的实践中，改变了传统教学中只注重教师和学生的单向交流的弊端，强调教师与教师、学生与教师及学生与学生之间的多向交流，尤其重视学生与学生之间的交流、合作。生态课堂在任务结构方面主要利用小组合作、异质性小组团体和各种不同方式的学习活动来进行学习。

奖励结构包括两个方面的内容：一方面是指运用何种方式来强化学习行为的结果，它涉及奖励的类别、奖励的数量、奖励的频度、奖励的对象及奖励的可接受性；另一方面是指人际间奖励的依赖性，主要指竞争性奖励和合作性奖励。在竞争性奖励中，某个学生或某个小组的成功就意味着别的学生或其他小组的失败。斯莱文也说过："在竞争性的奖励结构中，如按正态曲线对学生评定等次，一个学生的成功注定了别人相应的失败。"密切尔斯将此称为"负性的奖励互赖关系"，因为在竞争性的奖励结构中，别人的成功就是自己的失败，是负性的奖励结构。在"学生试教"的奖励结构中，一个学生的成功会促进或帮助其他同学的成功，学生之间是一种积极的互赖关系，即正性的奖励结构。生态课堂改变了传统教学只注重竞争性奖励，致使许多学生在个别学生的成功中品尝挫折和失败的滋味的状态，突出合作性奖励，力图使每个学生都得到相应的奖励，如个人进步奖、小组奖等，并把这种奖励视为"学生试教"成功与否的关键所在。

权威结构主要决定着在课堂教学中，教师或学生控制教学活动的程度。在课堂中，控制者可能由教师个人、学校行政人员、学生自己、同伴团体、班干部等来承担。传统教学只重视教师对整个教学活动的控制。弗兰德斯通过观察研究教师课堂言语行为，发现教师的课堂讲授大部分属于"直接教学"中的"讲授"，而在属于"间接教学"的教师讲授中，最多的是"提问"。也就是说，教师在课堂中所扮演的主要是"课堂控制者"与"知识传递者"的角色。吴康宁及其课题组成员研究发现，小学教师的课堂角色主要有四类：第一类是"定向者"，这类教师在课堂中主要通过"提问"来控制课堂，"强制"或引导学生的课堂参与；第二类是"定向—定规者"，此类教师的课堂言语行为以"提问"和"要求"为主，而"要求"的目的在于确立或维护某种规范；第三类是"定向—定论者"，此类教师主要通过"提问"与"评价"来调整学生的课堂行为，这种评价对学生来说具有"法官裁定"的性质；第四类是"定向—定规—定论者"，此类教师的提问、要求、评价这三类言语行为所占的比重大致相等。与教师的角色相对立，吴康宁等研究者的研究指出，我国的学生充当的基本上是"受压抑性角色"，即学生在课堂中的结构地位不高，总要受到各种各样的压抑，其扮演的课堂角色多为遵从者（服从教师的命令）、取悦者（讨好教师）、忍受者（忍受教师的批评及其浪费时间）等。由此可见，传统教学体系中，通常是由教师个人以奖惩和分数来控制学生的学习及各种行为表现的。学生的努力和用功只是为了避免教师的处罚并为赢得某种利益，这是无法满足开放社会要求的，也无法使学生真正获得最佳发展。而生态课堂则恰恰相反，它强调以学生自我控制为主，教师指导为辅，主要靠学生利用自己的内在动机及同伴的激励来控制自己的行为，努力地进行学习，获得最大的发展。

第二章　课堂生态的整体架构

课堂环境是课堂生态的一部分，因此课堂环境研究成为课堂生态研究的一部分。从这种理解出发，课堂生态研究的内容包括教师、学生、课堂环境、课堂行为、学科、课堂评价、社会等各个方面。

第一节　课堂生态的构成

一、课堂生态的主体

教师和学生作为课堂生态的生命体，又被称为课堂生态的主体，课堂环境常被称为课堂生态的客体。“但由于课堂生态的首要任务是促进学生发展和成长，因此学生又是课堂的主体，从这种意义上讲，它应该在课堂生态中处于首要位置。但由于学生是发展中的人，是需要教育和培养的，通常情况下，和教师相比，学生个体处于相对劣势位置。”①

（一）教师的课堂生态角色

现代教学论认为，随着教学方式的变革、信息技术的发展和教育本身的发展，教师的角色也发生了一系列变化。课堂教学的本质属性是教师的价值引导和学生自主建构的辩证统一，这就要求教师从当代教育发展的趋势出发，树立以学生发展为本、以学生为主体的现代教育教学理念，转变自己的教育教学方式，培养具有多元化知识结构、乐学会学、具有创新精神和实践能力的人。

1. 学生学习的引导者、参与者和合作者

在传统课堂中，教师作为知识的垄断者，拥有对知识的分配权和教学方式武断权。随着网络时代和信息社会的到来，知识不断更新换代，教师不可能是知识的垄断

① 吴林富．教育生态管理[M]. 天津：天津教育出版社，2006：159.

者。正如《教育——财富蕴藏其中》一书所讲，教师要从“独奏者”的角色过渡到“伴奏者”的角色，从此不再主要是传授知识，而是帮助学生去发现、组织和管理知识，引导他们而非塑造他们。这就要求教师改变传统教学中学生消极被动地接受知识的状态，把教学视为学生通过自主活动主动建构学习意义的过程，使学生真正成为知识的建构者。[①]同时，教师要改变单向传递知识的教学行为，坚持在“做中学”，教师不再是传统教学中教学过程的控制者、教学活动的支配者、教学内容的制定者和学生成绩的评判者，而应是学习环境的设计者和学生学习自主活动的引导者、组织者和指导者。为此，教师要对教学方式进行变革，把自主学习、合作学习、探究学习作为学生学习的主要方式，在教学过程中为学生的学习提供资源和环境的保障，提供学习的课题，帮助学生制订适宜的学习目标，组织学生的学习，为学生指点迷津；要激发学生的学习动机，培养学生的学习兴趣，调动学生的学习积极性，了解学生的感情和想法，引导学生对学习过程形成积极的情感体验；还要研究学生，研究学生内在的知识结构、生活经验及社会文化背景等因素，研究学生的思想状况、行为习惯、认知策略和自我调控能力，以指导、帮助和促进学生的自我建构，使学生充满生机和活力。

2.学生人格的培育者

“学生的品德、能力、性格、潜能和兴趣的发展，在价值上已经超越了知识的学习。因为学习型社会内在要求知识的积累不是唯有学校或者唯有通过教师才能获取。”[②]教师的角色职责应该从单纯的知识灌输转向关注学生整体人格的发展，教师的工作除了教书以外，更为重要的是教学生做人，让学生有一个健康的、美好的心灵。当今，德育问题心理化成为一种趋势。它告诉我们，学生的很多问题并不是品行问题，而是成长过程中的一些心理问题。因此，教师应该是学生的心理保健医生，维护并促进学生的心理健康。教师要善于走进学生的心灵，使学生正确认识自我，排除心理困扰，预防心理疾病，形成坚强、自制的意志品质和完美人格，促进学生的心理健康发展；在学生的人格发展过程中，教师还应该是一个积极的培育者，应该善于了解学生的兴趣，发现学生的潜能，发展学生的能力，培育学生健全的性格，养成学生良好的品德。课堂教学中，教师要竭力为学生创造一个自由、宽松、愉悦的心理环境，使学生获得良好的情感体验；“教师健康的精神状态、良好的师德、坚强的意志、开朗的性格、敏锐的洞察力，既是课堂生态环境的一部分，又对学生有

① 杨明全．新课程下的课堂观[M].北京：首都师范大学出版社，2005：9.

② 王少非．新课程背景下的教师专业发展[M].上海：华东师范大学出版社，2005：57.

很好的感染和促进作用”。[①]

3. 自我专业发展的实施者和教育教学的研究者

在后现代课程观念的影响下，教师在课堂上的职责将会是越来越少地传递知识，越来越多地鼓励学生思考，教给学生学习方法和激励学生追求真、善、美。教师在构建生态课堂的过程中，在促进学生发展的同时，使自己成为自我专业发展的实施者和教育教学的研究者。生态课堂不仅仅是学生个性张扬的空间，也同样给教师提供了专业发展的平台。在构建生态课堂的过程中，教师要充分发挥自己的教育智慧。新课程要求教师成为孜孜不倦的学习者、教育教学问题的探索者和研究者、先进教育教学理念的实践者。教师通过对自己的教育教学行为的反思、研究和改进，实现自我发展和自我完善。正如钱伟长先生所说：“你不上课，你就不是老师；你不搞科研，就不是好老师。教学是必要的要求，不是充分的要求，充分的要求是科研。科研反映你对本学科清楚不清楚。教学没有科研作为底子，就是一个没有观点的教育，没有灵魂的教育。”教师要在如何营造积极的课堂环境和氛围、如何改善课堂已有的生态空间环境等方面充分发挥自己的智慧，自觉把教学与科研结合起来，做到教学科研化，科研教学化，逐步形成有自己特色的教育教学风格。对教师而言，这些教学工作思路的改进及教学策略的制定无疑是巨大的挑战。教师要在打造生态课堂的过程中了解、审视、评价、研究自己的学生，反思和研究自己的教育、教学过程和方法。当教师以“思考”的目光审视校园，以“探究”的姿态从事教育，以“反思”的襟怀走进课堂时，教师无疑就具有了“研究者”的特质。正如苏霍姆林斯基所说：“如果你想让教师的劳动能够给教师带来乐趣，使天天上课不至于变成一种单调乏味的义务，那你就应该引导每一位教师走上从事研究这条幸福的道路上来。”

4. 学生活动的组织者

以往，教师作为高高在上的管理者，或多或少有这样的观念：学生是不懂事的，生来就需要大人管，教师和学生的关系是管与被管的关系，而不是平等的关系；服从管理的是好学生，不听话的是坏学生。然而，就是这样的“管理”培养了一批批平庸的“标准件”。新课程要求教师成为引导学生主动参与的组织者。这里所说的组织者好比谈话节目的主持人，而不能像维持纪律、不断施加压力的监工。作为主持人，教师的首要任务是要营造一种接纳的、支持性的、宽容的课堂氛围，创设能引导学生主动参与的教育环境。研究表明，80% 的学习困难与过重的压力有关，解除这些压力明

① 吴林富 . 教育生态管理 [M]. 天津：天津教育出版社，2006：161.

显有助于学习效率的提高和创造潜能的开发。当学生处于轻松愉快的状态时，视觉、味觉、嗅觉、听觉、触觉就更灵敏，记忆力会大大增强，联想也会更加丰富，学习效率会大大提高，学习潜力可以得到更大发挥。对教师来说，是否能够为学生营造宽松愉悦的成长环境，比自身的学识是否渊博更为重要。当然，宽松并非不要纪律，不要学校管理准则和行为规范。教师要在营造宽松愉悦的环境的同时，让学生成为能够对自己的行为负责的人。要让学生参与制定制度、参与管理过程、参与评定过程，使学生产生责任心和使命感，使学生从他律走向自律，从自律走向自觉、走向成熟、走向成功。

（二）学生的课堂生态角色

课堂生态系统中，学生的角色与传统的课堂是不同的，他们不仅是求知者，还是知识的主动构建者，是学习的主人，是课堂教学活动的主体因素。他们与教师课堂环境相互联系、相互作用、相互影响。他们不仅是环境的适应者，还是环境的制造者和利用者。

1. 知识的建构者

建构主义学习理论认为，知识不是通过教师传授得到的，而是学习者在一定的情境（即社会文化背景）下，借助他人（包括教师和学习伙伴）的帮助，利用必要的学习资料，通过意义建构的方式获得的。学习过程不是学习者被动地接受知识的过程，而是其积极地建构知识的过程；学习不单是知识由外向内的转移和传递的过程，更是学习者主动地建构自己的知识经验的过程，即通过新经验与原有知识经验的相互作用，来充实、丰富和改造自己的知识经验。也就是说，学习的结果不是学生接受了知识，而是学生个体知识经验得到了改组。学生在教学情境中并不是被动地接受或服从，而是在已有的经验基础上，对来自外部的教学影响的主动建构。所以，教学不能无视学习者的已有知识经验，简单强硬地从外部对学习者实施知识的“填灌”，而应当把学习者原有的知识经验作为新知识的生长点，引导学习者从原有的知识经验中生长出新的知识经验。教师应重视学生对各种现象的理解，倾听他们对时下各种现象的看法、他们这些想法的由来，并以此为据，引导学生丰富或调整自己的解释。学生是教学活动的积极参与者和知识的积极建构者。因此，在生态课堂中，学生主动进行知识意义建构的过程，是教师讲授所不能替代的。学生通过这种主动的知识建构，获得新的知识和技能，形成对世界的新理解，使自己的潜能、天赋、创造力得以发挥，情感得到熏陶。

2. 同学的合作者和探究者

生态课堂要求学生转变学习方式，进行自主学习、合作学习、探究式学习。自主学习是基于学生对学习的内在需求，在学习中表现为“我要学”“我能学”，是一种高尚的学习品质，是一种自觉行为，是一种精神的愉悦；学生有内在的独立学习愿望和独立的学习能力，我们要充分尊重学生的学习独立性，培养学生的独立学习能力。合作学习是指学生在小组或团队中为了完成共同的任务，有明确的责任分工的互助性学习。合作学习有利于培养学生的团队精神、团队意识和凝聚力，能弥补一个教师难以有差异的众多学生进行有针对性的教学的不足，从而真正实现每个学生都得到发展的目标。探究学习是通过学生自主、独立地发现问题、实验、操作、调查信息搜集与处理、表达与交流等探索活动，获得知识、技能，特别是促进探索精神和创造能力的发展的学习方式和学习过程。探究的过程是开放的，它注重学习过程中获得丰富的学习体验和个性化的创造性表现。在生态课堂中，学生不仅作为同伴的环境，影响学生的学习，更多的时候是他们自主学习、直接合作、探究学习，这也符合生态课堂的宗旨。《基础教育课程改革纲要（施行）》明确指出：“改变课程实施过程过于强调接受学习、死记硬背、机械训练的现状，倡导学生主动学习、乐于探究、勤于动手，培养学生搜集和处理信息的能力、获取新知识的能力、分析和解决问题的能力以及交流与合作的能力。”

3. 教师专业成长的参与者

生态课堂的生长性要求每位教师都成为学者型、研究型教师，教师要准确把握任教学科中学生终身发展所必需的基础知识和基本技能，扩展自己的知识储备，让课堂成为自己专业成长的舞台。从这个意义上讲，生态课堂的生长性决定教师在培养学生成长的同时，自身专业也得到了成长。而且这种成长是同步的、等效的。也就是说，学生学得越好，教师专业也就成长得越快。一个教师实验一种新的教学方法，必然会通过学生获得反馈，以此来检验其研究效果。这个过程既是学生自身成长的过程，也是学生参与教师专业成长的过程。例如，“学生试教”教学方法的实践和研究，学生按照教师和自身发展的要求组建试教小组，通过备课、授课、反馈评价、布置和批改作业等环节，培养自己的认同感和求知欲，增进生生之间、师生之间的沟通与互动，增强团队的凝聚力，获得更深的生命体验。教师在此过程中及时地参与、组织、协调、指导、促进和帮助，在“学生试教”的过程中，学生是这一实践和研究的参与者和受益者，教师也取得了专业上的成长。

二、课堂的生态因素

生态课堂就是以生态的眼光、态度与方法来观察、思考、分析课堂。课堂是由生物与其生存环境共同组成的系统的整体，该系统中不仅存在着生物之间的密切联系和相互依存，还存在着生物与环境之间或者说与环境的其他非生物要素之间的相互联系和相互作用，它们在共生与合作中结成生命共同体。课堂生态系统中的生物要素是教师和学生，作为教育者的老师和作为受教育者的学生都是人，是生物界发展到最高层次、脱离了动物界的人，是有责任的、能对理性问题给予理性回答的人。教师与学生相互依存、相互作用，缺一则无法构成课堂。课堂离不开特定的环境，它包含了人的因素、物质因素和精神因素。存在于课堂中的这三种生态因素相互依存、相互制约，呈现多元互动的关系。

（一）人的因素

人的因素指课堂中的学生和教师，是课堂的主体因素。学生是受教育者，教师是实施教育者，学生的学习与教师的教学统一于课堂中，二者是一对矛盾体。学生无疑是课堂的主体，这一主体因素是课堂的主要因素，有个体与群体之分；教师在课堂这一特定领域内也充当着主体，教师主体因素是特殊因素。《中国百科大辞典》中给教师下的定义是“学校中的向受教育者传授科学文化知识和技能、培养思想品德，使他们成为社会需要的人才的专业人员”。教师的职责是单纯的，即施于受教育者良好的教育。课堂上，教师是与学生相对立的人的因素，这种对立主要体现在教师必须施于一定的影响，从而转变学生思想、认识及行为上的某种定式，在知识与学生之间架起一座桥梁，使学生由无知到有知、由蒙昧走向文明，这就必然造成学生已有经验的失落和对新知识的被动探求，教师与学生往往为着一个共同的目标，进行着两种截然相反的活动，相互之间的对立和抵触在所难免。对教师来说，调动学生已有经验中的积极成分，调整师生之间的关系，引领学生以积极的心态投入学习，养成学习兴趣，完成教学目标是课堂教学过程的主要任务。如何实现这一课堂教学过程的和谐，从而平衡发展，需要科学的理念和艺术的方法。一般意义上的学生即指教育对象，如果单从这一观念去分析，学生无疑成了教育的客体。实质上，学生既是教育对象，又是主动参与、主动学习、实现自身教育目标的主体。从更细致的层面来分析，学生不单是接受知识的贮藏者，他们除了要在课堂上学习科学知识、形成基本技能，还要在情感、道德、品质、价值观等方面逐渐走向成熟。从不谙世事的幼小学童到走出各级高等院校的栋梁人才，学生会在学校、在课堂上度过自己几年、十几年甚至几十年的时光，这时的课堂体验再也不仅仅是知识本身，而是一段重要的生命历程。在这段时间中，学生不但要为今后的学习与发展打下基础，还应当体验自己年轻生命的价值，也就是说，学生并不只是为未来而生存，那么关注学生当前的学习生态同样重要。由此可见，教师与学生作为课堂生态系统中的主体因素，是以全身心的投入为基本特征，以各自生命价值的付出为代价，在现实的努力与追求中，建构一种面向未来的教育理想。

（二）物质因素

课堂物质的因素，主要包括空气、光照、温度、湿度、颜色、声音、气味等自然因素和教室内的媒体、桌椅、教学设备、图书资料等设施因素。它们是课堂教学赖以进行的物质基础和基本条件，是课堂生态的重要组成部分。其中设施因素包括课桌椅、讲桌、黑板等教室内的陈设，而其排列形态又影响到教室内的空间因素。时间因素既指时间的推移，又指时间的长短。从夸美纽斯开始，时空要素在很大程度上成为一种制约要素，影响着我们对课堂进行更加宽松的理解，影响着课堂生机的迸发。科学、合理地设计教学时间的密度、节奏和效率是营造良好课堂心理气氛的有效途径之一，也是提高课堂教学质量的途径之一。课堂空间的组织形式、空间密度，或者说班级规模和座位编排方式不仅影响着整个课堂教学的进行，还会对学生的学习态度、学习成绩及课堂交往和参与产生直接或间接的影响。自然因素包括的范围则异常广泛，温度、湿度、光线、气味、通风条件等都是影响课堂生态的物质因素，在一般认识上，物质因素往往被作为隐性的课堂教育手段对课堂教学的开展施加影响，其实，物质因素的转变给课堂教学带来的是深层次的变革。相对来说，自然因素对课堂教学的影响则是间接的，它通过作用于师生的外在感受影响其内部动态，从而对课堂教学产生影响。

德国格式塔心理学家库尔特·勒温提出以下行为公式表示个人与其环境的交互关系：B=f（P，E）（注：B：Behavior，行为；P：Person，个人；E：Environment，环境；f：Function）。用文字来解释这个公式就是说行为是随着人与环境这两个因素的变化而变化的，即不同的人对同一的环境条件会产生不同的行为，同一个人对不同的环境条件会产生不同的行为，甚至同一个人，如果情景条件发生了改变，对同一个环境也会产生不同的行为。这表明环境对一个人影响的重要性。良好的课堂环境不仅可以使师生心情愉悦、精力充沛，而且还能使学生思维活跃、参与意识增强、创新的灵感不断闪现。相反，在诸如光线、气味、温度等与人的适应能力极不协调的情况下，比如过度闷热或者阴暗的条件下，也会造成师生情绪低落、思维缓慢、心态不佳。又比如，

“血浆和淋巴液是人体内环境的重要构成部分。人体血液必须维持一定的酸碱度，二氧化碳的含量不能过高，人体血液中的血糖浓度一般在0.1%左右，不能过高也不能过低，过低会出现低血糖，人就会昏迷。因此，学生的饮食，教室里的空气都会影响学生的学习状态。”①

1. 空气

研究表明，“每个学生在安静状态下，平均呼出的气体中约含有0.4%的二氧化碳，每小时从皮肤和肺散发出40克水蒸气和60～100卡的热量。”②人脑只占人体重的2%，但它的需氧量却是全身需氧量的25%。学校活动需要足够的氧气，氧供应不足会极大地影响脑思维，学习效率会明显下降，所以必须保证教室内空气的流通和新鲜。如果教室内空气流通困难，就会造成空气混浊，学生的生理状况就会受到不良影响，机体免疫力下降。有些学生在课堂上嗜睡、易感冒都与此有关。在我国，很多班级规模过大，人数在50人左右。因此，把班级人数控制在一定数量内，改善办学条件，是建设生态课堂的途径之一。

2. 光线

光线是一种重要的生态课堂环境因素。充足的光线是保持学生注意力、提高学生学习效率、调整学生的心态、保护学生视力的保证。据国外研究，光对学习的影响因人而异，有的学生喜欢在亮度大的环境中学习，有的在中等亮度的条件下思维活跃，但较暗的环境会影响所有人的情绪和精力。建议在教室或图书馆中设计一些光线强弱不同的区域以适应各类学生的需要。

3. 声音

教学语言必须有合理的音量：讲话声音太小，听不清楚；声音过大，不仅没有必要，而且使人听了不舒服。课堂语言音量的控制，最好是在教室里安静的情况下使坐在最后一排的学生也能听清楚。也就是说，低音教学是以学生听起来不费劲为宜，讲话声音的底气要足，就是通过肺部运动产生足够的发音动力。气少无力，容易使学生的注意力分散，缺乏生气和活力。有时教师有意压低音量，以调动学生的听觉注意力。但要做到低而不虚，沉而不浊，有内在的声音力度。高音教学是以不造成噪音为宜，音量过大，学生反而听不清楚，还容易造成听觉疲劳，而且音量过大，气势逼人，不利于营造和谐的、民主的教学氛围。课堂教学需要适度的宁静，静能生慧。课

---

① 吴林富.教育生态管理[M].天津：天津教育出版社，2006：175.

② 李文博.人体呼出气体中氧气、二氧化碳含量测定的探究[J].中学化学教学参考，2016(08)：60-61.

堂教学语言尽量抑扬顿挫，高低适度，中间要有一段或几段静静的空白，让学生思考，让教师自己及时反思，从而及时调整教学策略。

一般说来，教室里的声音应该保持在35分贝左右，以保证教室里每个学生都能清楚地听到发言者的声音。人们正常谈话的声音为40～60分贝，声音超过50分贝则比较刺耳，如果超过70分贝则成为噪声。在噪音环境中学习，学生会感到烦闷与疲劳，注意力涣散，有时甚至会出现多疑、易怒等状况，会损伤人的听觉，严重的还会出现攻击性的行为。教师在课堂中的声音应该清脆、响亮、抑扬顿挫，能够吸引学生的注意力。

4. 温度

通过实验和理论的推算，夏季室内的适宜温度为21℃～32℃，最适范围为24℃～26℃；冬季室温为19℃～24℃最为舒适。如果采用温度18℃～20℃，湿度为60%的情况作为一种环境因素，对人的情绪、思维、注意力、体力等的影响非常大。吉利兰的一项关于教学环境温度的研究表明，最适宜学生智力活动的教室环境温度是20℃～25℃，此时学生的智力活动最佳。环境温度每超过这一标准1℃，学生的智力活动就会下降2%，一旦达到35℃，学生的大脑消耗明显增加。我国很多地方暑期提前上课，大部分地区在炎热的夏季教室温度会超过35℃，如果不加以调节，有悖于生态课堂建设。

（三）精神因素

精神要素则可以分为信息要素、文化要素、组织要素、情感要素、人际要素和舆论要素、课堂的心理环境等。

1. 信息要素

课堂教学过程亦是师生间信息传递和交流的过程，信息传递的渠道、媒体、风格等构成的传播方式会制约信息的可接受度；所传递和交流信息的新颖性、丰富性、科学性、形象性则是形成积极、活跃的课堂心理气氛的重要因素。

2. 文化要素

文化是课堂的养分，课堂不仅以传授和学习文化为主要活动，其本身也充盈着浓厚的文化底蕴。教师文化、学生文化、性别文化、制度文化、课程文化等既独立又交叉，既一致又冲突，学生的发展是诸多课堂文化共同作用的结果。

3. 组织要素

课堂教学总是以一定的组织形式进行的，学生个体差异的客观存在性和社会对人才需求的多样性决定了课堂教学组织形式的多样性和灵活性。不同的组织形式在课堂互动、交流、参与、竞争等方面对学生产生的影响各有特色。充分发挥课堂组织要素之长，营造生动活泼的课堂气氛，能形成良好的班风和学风，使学生有强烈的求知欲、浓厚的学习兴趣、明确的学习目标、高度的学习责任感，有利于同学之间相互合作、相互帮助，也有利于师生之间民主平等、教学相长、和谐共进。

4. 情感要素

情感是人对客观事物是否符合自己需要而产生的态度的体验，课堂情感环境是由师生互动、生生互动、媒介等传播的信息产生的情感氛围的总和。课堂教学是一种多极主体之间的多向交往活动。课堂是教师和学生作为人而不是机器之间相互作用的场所，有了人的活动就有人的情感，课堂中的师生互动就具有情感性。任何形式的师生互动行为都会引起师生相应的情感反应，会对课堂教学效果产生直接影响。积极丰富的情感能促进学生的认识过程和意志过程，使学生的个性品质得到全面发展；有利于好的班风和学风的形成，进而形成良好的班级文化和绿色健康的课堂生态。所以，成功的课堂更依赖于课堂上师生的内在状况及彼此的互动与交往。课堂中，教师若能真正理解情感的重要性并且充分相信每一个学生都能在学习上取得成功，那么，他就能给学生创造很多成功的机会。

5. 人际要素

人际要素包括对尊敬的人的认同与对未来期望的表达。课堂是教学实施者、学习参与者进行人际交流的社会环境。在这种特殊的环境中，学习参与者与教师之间、学习参与者与学习参与者之间通过多向的交往，形成复杂的人际关系，时时刻刻影响着课堂气氛、课堂活动方式和学习结果。

6. 舆论要素

舆论由意见构成，课堂舆论因课堂教学问题或者矛盾而产生并互相感染。课堂舆论是反映课堂教学的“晴雨表”，是左右课堂心理气氛的工具。在现代学校教育中，课堂舆论的作用和力量越来越大，成为影响教师、学生的教育思想和课堂教学行为的重要要素。

7. 课堂的心理环境

“课堂心理环境是指学生对课堂教学环境的知觉，即个人对教室中事物的知觉，尤其是对课堂教学过程中师生之间、学生之间感情的相互影响及人际关系的知觉。”① 课堂心理环境影响着教师和学生在教学过程中的整个行为表现，积极良好的课堂心理环境能使教师与学生之间、学生与学生之间精神振奋、乐观豁达地对待教学过程中的

① 窦福良．课堂生态及其管理策略研究 [D]. 山东师范大学,2003：25.

困难和挫折，有助于教学中思路开阔、思维敏捷、表情丰富、神采飞扬、课堂教学气氛活跃、师生关系融洽，便于教师了解学生的学习情况和反馈信息，使教学有的放矢，有利于学生集中注意力、积极参与，促进师生之间、生生之间的信息交流和情感交流，积极的课堂气氛同时还能使学生学习到正确的待人接物的态度和方式，对学生健全人格和良好个性的形成有着积极的促进作用，从而使教育教学效果事半功倍。反之，消极不良的教学心理环境会使教师与学生、学生与学生之间精神萎靡、情绪低落、意志消沉，授课与学习时思路阻塞、思维迟缓、表情麻木，课堂教学气氛压抑、沉闷，师生关系紧张，教育教学效果不好，教师要尽可能调动学生产生积极的心理氛围，以便师生产生心理上的共鸣，便于教学情节的展开，利于知识与技能、过程与方法、情感与态度三维目标的达成。罗森塔尔效应①告诉我们，教师对学生的高期待和积极的鼓励态度，会使学生产生积极的学习行为，从而获得充分发展。

精神因素是建立在物质因素基础之上的，它包括课堂上的人际交往、心态、情感、评价、舆论、观念等。精神因素复杂而且易于变化，产生于人，作用于人，与个体的心理和集体风气有着极为密切的关系，从教育生态学的角度来看，精神因素属于规范环境的范畴，却又超越规范环境。规范环境又称精神环境或价值环境，它是人类在社会群体生活中所形成和持有的态度、风气、气质与观念。体现在课堂上，规范环境主要指班风、学风及评价氛围，规范环境的这些外在表现都属于精神因素的范畴。相对于其他因素来说，精神因素是一个抽象的概念，它具有隐蔽性和不可测量性，如果说物质因素是外在于课堂主体的生态因素，那么，精神因素则是存在于课堂主体内部的生态因素，物质因素的改变往往是从量变开始的，而精神因素的变化则是一个质变过程。从课堂教学实践来看，精神因素受外在影响而变化，往往产生于人和物质因素，在具有一定程度的效果之后又反作用于人，即作用于教师和学生，从而影响课堂教学。也就是说，精神因素并不是孤立存在的，自身也是不会主动发生变化的，但它是引起课堂教学主体——教师和学生内部动机变化的源泉。教师与学生在课堂上的行为和表现事实上是其精神因素作用的结果。因此，对于精神因素的把握，关键是从心

① “罗森塔尔效应”是美国哈佛大学教授罗森塔尔在实验中获得的教育效应。他通过动物实验认为，实验者的偏见会影响研究的结果。在教育实验中，他交给老师一份名单，说这些学生很有发展的潜力。6个月后，名单上的学生成绩优于其他学生。其实，他对这些学生也没有考察过，只是照学生花名册随意挑选。罗森塔尔效应说明，家长或教师对孩子有更多的信心和好感时，孩子可能会有更大的进步；反之，如果主观认定自己的孩子或学生天生不足，难以造就，孩子的积极性和创造性就难以发挥。这就是著名的“罗塔森尔效应”。

理学的角度出发，理解人的精神、意识、情感、观念等因素的内涵，寻找有效调动课堂精神因素向良性轨道运行的途径，使其对教学的影响只存在于积极的层面上，避免产生消极的影响，比如师生的心态问题。师生的心态问题是课堂精神因素的体现，自由开放的心态和封闭、压抑的心态所产生的结果是不一样的。再比如观念，教师不同的教学观或价值观将导致不同的教育行为，如果教师的价值观建立在促进学生发展的基础上，那么，教师将遵循学生的实际组织教学，力图使每个学生都能得到有效的教学，实现个体的发展；相反，教师的价值观如果仅仅建立在完成课程教学任务上，那么，他将永远无法深入了解自己的学生，他的教学行为也将限于知识的传递和对教材的照本宣科。精神因素作为课堂生态因素的特定领域，与教师和学生是无法分开界定的，它将作为一种课堂必然因素与课堂的进展共存，其内在变化规律是课堂生态研究的主要方面和重要依据。

综上所述，课堂各生态因素环环相扣、相互联系和制约，任何一个因素的改变都将给课堂带来某种变化，把握这种种的变化，寻找其内在关系，是维持课堂生态的前提和基础。

三、课堂生态的功能

和谐教学观的内涵告诉我们，审视课堂功能离不开动态观念，就是要用发展变化的眼光看问题，不仅看静态的结构，还要看结构的动态表现。任何事物的结构与功能都是统一的，各部分结构能组成和谐的整体，自然离不开各部分功能间的协调统一。有各项具体功能有条不紊地实施，才有整体功能的良性运作。生态课堂的整体功能就是培养人，它是由具体的整合功能、交流功能、生长功能相互配合与协调完成的。

（一）整合功能

一定区域内的某一生态系统，都有自动整合的机制，当原有生态平衡被打破后，系统内的各种因素做出相应调整，并通过相互之间的协调、对话（社会生态中）共同促使系统向新生态平衡的方向发展。由于课堂生态系统中的各种要素之间是一个复杂的非线性关系，它们之间的相互作用、力量的此消彼长，在一定范围内自动地保持着动态的平衡，消解外界的干扰因素，维护着生态的完整性。课堂生态系统的这种自动的自我调节力量相比于自然生态系统是微弱的，主要靠隐性的文化和隐性的课程发挥作用，它不像自然生态系统那样自动整合是唯一的调节方式。课堂生态的整合功能主要还是人为的，它的调节水平与系统中的人是否具备追求自然协调、完整的生态素养有关。

1. 自组织式的整合

课堂是一个有机的组织，但也不排除有类似于自组织的性质的可能。自组织最通俗的解释是：如果不存在外部指令，系统按照相互默契的某种规则，各尽其责而又协调地自动地形成有序结构，就是自组织。解释自组织现象的观点很多，有系统论的观点、热力学的观点、统计力学的观点、进化论和结构论的观点。系统论的观点认为，自组织是指一个系统在内在机制的驱动下，自行从粗糙向细致、从简单向复杂方向发展，不断地提高自身的精细度和复杂度的过程。“课堂系统的‘自组织’机制使其具有自我调整的诱因与动力，从而不断地由无序状态达到更高层次的、更具有适应性的有序状态。”[①] 进化论的观点认为，自组织是指一个系统在“遗传”“变异”和“优胜劣汰”机制的作用下，其组织结构和运行模式不断地自我完善，从而不断提高其对于环境的适应能力的过程。排除了外因的主宰作用而从内在遗传突变的自然选择机制的过程来解释物种的起源和生物的进化。现在从以上观点出发，对课堂生态的自组织做如下分析。

第一，系统是在不断变化的、进化的，而且是向着好的方面变化的。课堂的整合作用也是一种变化，整合后内部的成分复杂了，但是变得更有序、更精致了。就课堂生态系统而言，刚入学的新班级，开始很松散，后来就慢慢地形成了一个有自己风格的班集体，在这个集体里面，大家有了集体归属感和集体荣誉感，都会视自己为集体中的一员。再如，师生间的行为方式的调整，有时也是无意识地进行的。教师对待学生的态度与学生接受到教师刺激信号后的反应方式有关，当教师发现批评学生成本很高时，会无意识地调整自己对学生的方式，在没有受别人指导的情况下，学生行为的改变是那种由“替代强化”所致的，也属于一种自动调控。

第二，系统变化是内在调节机制所致。系统内部各成分，天然存在着一种不定向的变化，而环境定向地选择了他们的变化，使一些变化成了“适者”，生存了下来，而另一些变化成了“不适者”，被淘汰了。这一切都在自然之中悄然发生。[②] 例如，在课堂中，学生的一些行为是无意识的、不定向的，但若被教师不断地认可、表扬，则这一行为就会定向地发展，并固化成自己的行为方式。

第三，课堂生态系统中与整个社会生态系统中的现象，也是人们常说的“物极必反”“此消彼长”等自动保持动态平衡的现象。各种观念相左的教育思想在对峙中走向平衡与整合，中外的可以整合，古今的也可以整合，如同行驶在大海中的轮船，左

① 王义全．整体主义视角下的课堂重建 [J]. 教学与管理，2009(15)：13-14.

② 洪颧．论“天人合一”思想下的生态课堂观 [J]. 铜仁学院学报，2010,12(03)：87-90.

右颠簸着驶向彼岸。究其自主调控的机制，有社会、心理的多方面因素。例如，课堂中的集体感形成，是因为学生心理的归属需要这一实现整合作用的心理基础。师生行为方式的改变，其心理基础是他们有反思智慧与灵感。其实孟子的“性善论”早就回答了行为自我调控的本质所在。孟子提出了性善与四端的学说，认为这就是道德价值的根源。他认为“善”是人的基本自觉，这种自觉是表现于恻隐、羞恶、辞让及是非四心。用“四端”说明道德价值的自觉是与生俱来的。“四端”是内在于自觉心的，属于人的本质，即所谓人的“性”。人们能调整自己的行为，维持整体的和谐，是天生的善性所致。

2. 组织整合

组织整合体现了外在的要求与内在的主观努力之间的协调与统一，它往往与社会历史发展的背景有关。课堂生态系统属于人工生态系统，具有目的性。“培养人”这一根本宗旨把课堂各要素联结成一个整体。课程的设置、师生的活动、课堂内容的具体选择都要服务于培养目标。这种整合功能体现了外在力量的要求。另外，服务于教学目的的教学活动，将系统中的课程、教师、学生三元素串联成了一个整体的新课程理念，促使课堂发挥整合功能。新的课堂理念提倡课程关注生活、关注问题，反对割裂人类整体知识与思想。任何时代的课堂生态系统，都是社会系统的一员，会面对不同的社会问题。若课堂三要素对社会问题有相同的关注，有一致的倾向性，则三者会形成一种合力，共同维持课堂生态的整体性。当前，人与自然不和谐、人类社会的不和谐等方面的问题，对课堂整合功能提出了新要求。对人类生存问题的关注与思索，使教师、学生、课程凝结在一起了。

由于客观世界的有机统一、问题的错综复杂，现代科学出现了综合化、协同化的趋势，这从客观上要求课程整合，以便给学生呈现一个完整的世界。当前，世界许多高校都十分重视学生的基本知识、基本能力、基本价值观，更加强调课程的整合性和融通性。这就属于一种组织化的整合。哈佛大学的核心课程有八门之多，哥伦比亚大学的基础课程占总学分的一半。这种整合的理念旨在加强大学生普遍的文化修养，形成共同的知识文化背景。在课堂生态系统中，除了教育内容的整合外，整合还体现在三个方面。第一，学习方法的整合。随着课程内容的生活化、教学从以学科为中心逐步倾向于以问题为中心，因此，客观上也促使学生整合学习方法。全面发展要求学生在知识、能力、情感及态度价值观各方面学有所获，而这些内容的掌握必须依赖于多种学习方式的整合，必须是有综合的学习策略。第二，教学方法、策略的整合。由于生态课堂追求开放、平等的交流，以及师资培训手段的现代化，从而使教师的教学方法有机会取长补短、自我修正，教学策略得以整合；学生学习方法的多样化，离不开教师灵活的教学方法，对教师教学方法的整合提出了更高的要求。第三，教学力量的整合。由于教师的主观能动性的发挥，各种教育力量在课堂中也得以融合，如教师常与家长、社区交流、沟通，可形成教育合力，共同促进课堂的和谐和学生的成长。

组织整合，是人主观能动性的体现，孟子的“性善论”中，四端的“端”是起点的意思，孟子认为只要努力地把“四端”扩充，即道德实践就可成就德性。扩充“四端”，则能知其性，继而知天，知天是引导整合的最大动力。组织整合的能动性还表现为，学校有目的过滤、筛选的外界信息，促进了学生的吸收，应是最有营养价值的精品。因为学校毕竟不是社会，通过对过滤后的外界信息的整合可以让学生学到社会上学不到的东西，整合功能保证了系统的整体性和相对独立性，整合是通过“分”与“合”的对立统一实现的。“分”是各成分的不同与差异的对立，“合”是成分间的整合，是一种趋势，是系统内部各要素力量运动变化的结果。

（二）交流功能

自然生态系统的主要功能是生态系统的能量流动，它直接关系到生命和生态系统的存在。确保这一功能的结构为食物链，这是使生态系统保持生机和活力的纽带。课堂生态系统的重要功能也在于包括知识在内的各种信息的流动。由于它的流动有别于自然生态系统，它既有单向流动，又存在双向流动，故表述为交流功能。交流是维持系统整体性的基础，也是开放实现的前提。确保交流功能的结构基础是类似于食物链的课程链。

1. 什么是课程链

这一概念的提出是基于对自然生态系统的思考，自然生态系统能成为一个整体，关键在于物质循环与能量流动，而让这一功能得以实现的物质载体是“食物链”。生物之间靠捕食、竞争、共生等关系，联结成了由食物链组成的复杂的食物网。这个网中的生物，分处不同的营养级，共同构成了一个有机的整体。在课堂生态系统中，当然不存在与生物界完全相同的关系，但系统的维持、生态性的体现，一样离不开以符号为主要表征形式的人类经验的传递。这些进入教育系统的符号，就成为了课程的形态。课程概念的扩大与延伸，使人们可以从更为广阔的视野来关注、研究课程，也使研究找到了一个能从动态角度串联广义课程概念下各课程形态的核心概念，即“课程链”。它是实现以符号为主要表征形式的人类经验传递的载体，它的作用如同自然生态系统中的“食物链”对生态系统的作用。

2. 教学内容在“课程链”上的传递

不同层面的课程组成的“课程链”是信息传递的主渠道。这一链条上的各层课程形态为：理想的课程、文本的课程、理解的课程、运作的课程、感悟的课程。知识在各层之间顺利传递、流动才能保证课堂生态系统的运行。“理想的课程”反映在一个国家的意识形态上，是国家决策层对教育的一种理解与追求，是对培养什么样的人、怎么培养人这一问题做出的最高层面的回答。这一课程内涵包含的是一个非常抽象的思想和理念，常融合于政治、经济、文化等领域里，成为国家治国方略中的内容，这一层面的课程反映了国家对教育乃至对人类自身未来发展的总体安排。在我国，理想的课程一般是以教育方针来表述的，或从教育发展纲要中加以体现。比如，我国实施的素质教育，其中的思想、观念就是理想的课程。目前，从国家政策和社会舆论的导向上可以看出，素质教育的观念已成为主流意识。访谈中发现，教师在表达自己的看法与认识时，都会顺应社会主流意识，做出符合社会期望的选择，但他们一旦触及很现实的问题，又很难从传统的应试教育中脱离出来。这说明理想的课程很容易就停留在理想状态之上。理想的课程进入课堂生态系统的主要方式就是将其转化成一种文本，并赋予一定的实质内容。这时课程内容就进入了下一级的课程形态之中。另外，理想的课程也可以以一种文化的形态渗透进课堂生态系统中。“理解的课程”在教师头脑里，绝不是知识的堆积，而是已经被教师整合为自己教学的资源、资本。一般情况下，教师对文体课程的理解程度越高，越能有效地将信息充分表达出去。但这并不是必然的，而是有条件的。因为教师在实际的课堂教学中将理解的课程表达出去时，还受一些其他因素的制约。如教师的语言表达能力、表现动机的强弱、个性特征、课堂环境，尤其是教师的教学策略等因素，都制约着课程信息从理解的课程向运作的课程的传递。所以说，即使对理解的课程具有同样把握水平的教师，运作的效果不一定相同。教学中常见的个别教师“有货倒不出”的现象，体现的就是从理解的课程到运作的课程之间出现了障碍。所以对于师资培训，不应仅仅是学历补偿式的，也不应仅仅是理念的宣传，应该增加教学能力培训方面的内容。运作的课程是教师在教学过程中实际展示出来的课程。

“感悟的课程”是学生真正收获到的课程，这才是生态课堂功能的最根本体现。影响信息从运作的课程到感悟的课程的因素也很多，教师方面的因素是主要的，教师的教学水平越高，对学生学习的帮助越大，收获也就越多。但好教师不一定都教出好学生，这是因为学生的学习是建立在已有的基础之上的，越有知识的学生越容易接收新知识，另外，学生的学习方式是影响感悟的课程质量的关键。如果学生的主体性得以充分尊重，能感受到脑力劳动的愉悦，能自由参与探索与创新，而且有更高的自我期待，那么，感悟的课程的效益就达到了最大化。各方面知识在各级课程形态组成的链条中的传递，体现了课堂的生命力。一个整体能否正常运行，各组成元素的和谐是重要基础，而各元素的和谐离不开它们的“一脉相通”。若课程承载的内容（知识、技能、文化、精神等）能顺利地在“课程链”上流动，则就是“通”的表现。若对课程内涵的理解出现冲突，则影响到生态课堂功能的发挥。在这一知识的传递链中，会出现知识的衰减、变异，如普遍存在的遗忘、选择性的接受；另外，传递中也会增加新的意义，如在已有经验上重新组合成新的知识单元。

3. 信息传递的多向性

上述是课堂生态中信息传递的主要方式，实际的课堂中信息的传递表现出多向性。如在同一学校生态系统内，各个以班级为基本单位的课堂生态系统之间存在着横向的信息交流；不同层面教育生态系统之间的交流存在着纵向交流。在这些交流中，校园文化是实现交流的中介与载体，它体现了社会对学校的要求及学校自己的办学理念。校园文化中包含的各种信息传递到了课堂内，会影响课堂生态系统的走向。反过来，课堂的文化取得强势地位后，也会流向整个校园，成为校园文化的主导。计算机网络技术，特别是第三代通信技术的兴起，使信息传递的多向性有了新的特性。信息的发出与接收，不一定是单向的，且信息传播速度极快，容量也极大。教师很方便将学生的学习情况及学校的要求传递给家长；师生交往增添了电子渠道、视频渠道；学生还可以通过掌上书院查阅所需的学习资料，甚至作业的答案。随着师生平等关系的建立，学生知识面及社会接触面的扩大，课堂中的信息还可能发生学生向教师逆向传递的情况。这时候是教师向学生学习。另外，信息传递的多向性也表现在隐性课程上面，它的信息传递是弥散性的，没有明确的方向。

（三）生长功能

课堂生态系统实现着知识传递与创新的功能。在这一系统中，教师和学生在认知、情感等方面都在生长和发展，实现着生命的成长。另处，由于课程的价值被不断地挖掘、新的意义被不断地生成，加上隐性课堂正向意义的积累，消极作用被不断地发现与克服，课程在课堂生态系统中也得以生长。

1. 学生的生长

学生的生长表现为身心的健康成长，以及学生的知识、能力、品性全面和谐的发展。这些正是生态课堂第一位的功能，是教育者的共同追求。学生的发展有自然成熟的因素，但与自然生态系统中生命的发展、演变是完全不同的。学生发展的主要因素是学习，这种学习与自然生态系统中生物的模仿与适应有质的区别。人的学习是能动的、有目的的，学习带来的发展是主体性的发展，所以学习的质量关系到发展的质量。主体性发展的好坏直接与教师的课堂行为方式有关。教师的工作直接面对生命，关系到人类最宝贵的财富——生命的成长。没有什么东西的价值比生命的成长价值更重要了。学生正处于生命成长中最重要、最关键的时期，教育在这个阶段的影响会延续到终身。但部分学生并不完全知道该时期对于自己发展的价值，他们还缺乏生活经验和对生命的体验，他们全然不清楚应该如何选择、如何学习、如何努力。所以此阶段是最需要高素质教师的时期。

学习对学生的发展至关重要，但如果学习方式不对、不人性，使学习成为很痛苦的事。那么，这种学习对生长起的就是副作用。如果仅仅重视知识传授或技能训练，没有学生在教学中的积极参与，学生学习没有主动性，仅靠重复强化和外在的诱惑或威胁来维持的学习，这种学习就会压抑学生作为人所必须具备的主动性和能动性的发展，影响学生积极、主动人生态度的形成。学生不能真正体会到因主动性发挥而得到的精神满足和能力发展，不能真正体会到脑力劳动的愉悦。可以说，这是轻视个体生命多方面价值、缺乏生态和谐思想的表现。另外，如果学生常常在课堂上遭遇打击与挫折，面对群体压力和评价时感到焦虑，同时课堂中又缺乏理智的挑战，学生的主动性就会渐渐从课堂中消失，学生的成长就会面临挫折。

由于生态课堂追求自然、自由、中正、平和，崇尚平等，遵循学生身心发展规律、教学的规律，注重整体协调，所以对学生发展的关注点是：自主的发展、有特色的发展、可持续的发展。这种发展观既包含了生态的元素，突出了整体与国情，又有现代对人性本质的认识。在这种发展观下，我们把学生看成是有着完整的人的生命表现形态，是处于发展中的、以学习为义务的人。这种学习的个体价值也应是全方位的。第一，学生通过学习，掌握生存的常识和技能，以便独立地面对世界；第二，学生通过学习，学会遵从生活的律则与规矩，以便和谐地与人相处；第三，学生通过学习，探索生命的价值与意义，以便有尊严地立于天地之间。这种发展观能优化教师的课堂行为方式，使之更加关心学生完整的精神生活、终身学习的愿望以及学生的兴趣和能力；关注学生独立思考、有效的自我表达的能力；关注学生服从真理与崇尚智慧、宽容与尊重个人价值、快乐地生活的品质。

生态课堂中学生的成长是一个知、情、意融合的生长过程，是学生根据内在的法则与外在环境交互作用的结果，学生进入某个生态环境有一定的偶然性，但与自然生态系统中的生物不一样，学生在自己的生长过程中，既可以自觉地调整自己的生物钟、心态，以适应特定生态环境的内在要求，也可以能动地反作用于环境，建构出环境的生态意义，使潜在的规定性转化成为现实，促进自我的生长。人的一生要面临各种不同的生存环境，人的生存可以说是一种关系性的生存，人成长的过程实际上就是与他人、他物建立、保持、发展或终止某种关系的过程。生态课堂是学生成长的重要环境，它不仅为学生提供了与心灵自我感悟、与教师平等对话、与同伴友好交往、与课程里的精神世界“相合”的时空境遇，而且还设法使学生获得在其他或未来生存环境中的生存本领与智慧。

2.教师的生长

课堂同样是教师成长的场所，课堂为教师成长提供了广阔的天地。课堂中有许多潜在地、无意识地促使教师学习成长的因素，但大部分都需要转化成教师的自觉行动，才能对教师的成长起实质性的作用。教学的自觉行为主要指教师的学习，一是在职研修，二是外出进修，最主要的还是需要教师在生态课堂上发挥“教中学，促成长”的这一生长功能。这种“生长”主要来自两方面，一是课堂中有得天独厚的课程资源，教师始终都在与课程发生着交互作用，课程是师生共享的精神食粮，它如同自然生态系统中的生长者，“养活”了整个生态系统。因此，教师是否真正做到将课程融会贯通，自由、自在地驾驭课程，既关系到学生的成长，也关系到自我的成长。二是教师时刻受到学生学习的期待，感受到学生发展的需求，以及感受到社会对自身角色的期待，因此较易发生学习行为。

由于社会生态环境的不理想，以及学校系统自身的一些特性，致使学校中教师的学习优势未能得到应有的体现。这些问题恰恰又不太为人所关注。部分教育工作者认为，教师只要教好书就行，至于学不学是学生自己的事，所以作为文化中心的学校，教师自身的学习反而未得到应有的重视，教师对学习的重要意义认识不足也缺乏紧迫感。表现出教师的学习缺乏自觉性，学习效率不高。另外，由于教师劳动的间接性、个体性、潜在性等这些特殊性决定了教师的学习缺乏及时的反馈调节。加之教师劳动的周期性重复及与学生在知识量上的客观差距，易使教师产生职业倦怠，渐渐失去了自觉学习的动力。在教学技能的自觉学习与提高方面，由于教师很难较快地收到各方面的反馈信息，技能的提高仅仅成了一个自然成熟的过程。所以，要让生态课堂的生长功能发挥出最大效益，离不开教师自觉主动地学习。教师学习的结果，不仅仅是专业素养的提高，也是整个精神品位的提升，它既关系到课堂的生态性，也必然惠及教师的整个生命活动领域。只有善于学习的教师才能培养出理想的学生；才能让课堂成为师生分享人类创造的精神财富的理想之地；才能自由地从事创造性的活动，感受到个人生命的意义、价值与尊严。生态的课堂是有利于教师学习的课堂。

3. 课程的生长

在课堂生态系统中，课程不是静止不动的教科书，是具有与自然生态系统中“生产者”相似功能的“类生命体”，有类似于生命特征的“生长”现象。课程的生长不仅仅是某门具体课程知识量的增长，而是课堂生态系统中课程整体的发展变化。它是新成分的增加与旧成分的改变或消退两个方向运动的结果。课程经常被比喻成那些经过精心挑选后提供给学生的精神食粮，它养活了整个课堂生态系统。课程的生长是课堂生态系统的一项功能，具体表现为：课程在学生、教师不断的解读过程中，由于想象与创造而生长出新的意义，一些隐性的课程转化成显性的课程。课堂本身的开放性使外界新信息能及时输入系统，使课程内容变得更加丰富；教师、管理者会因课程理念的改变而去主动调控课程内容、改进课程实施方式、主动创造知识，最终使课程代谢与生长。另外，随着观念的更新，个人的情感、直觉与经验有可能成为新的知识来源，从而具有课程的意义。课程生长的实质是课程内容的一种调整，是一个不断优化、精品化的过程。借用生物学的概念表述，也就是代谢的过程，即同化作用与异化作用交互作用的过程。从课程生长的几种表现方式可以总结出：课程内涵的增长一是内部转换；二是外部输入；三是教师创造。课程的生长走向既受内在规律的调控，也受人有意识的定向作用的影响，生长最根本的内在机制在于课程不只是逻辑化的知识存在，而是一个开放的系统，是能接受主体参与、诠释和建构的文本。

在新课堂理念指导下，教师教学行为发生着变化，对待课程的观念也在改变，教师自身的角色定位也在改变。教师不仅是教学内容的研究者，教学艺术的探索者，也是课程的开发者。加之，教学技术的现代化，教学手段的多样化，这些都为课程的生长提供了广阔的空间。现代的课程理念认为：整个世界都可以成为课程资源，成为课堂中课程生长的土壤。可见，课程的生长离不开自然与社会，离不开社会发展的需要。课程生长表现为它所承载的知识的变化与成熟。虽然固定的课程知识易落后于人类活动领域，常缺少时代感，但正是由于新的问题不断发生，人类认识世界的手段与方式日趋多样化，课程才有了生长的动力和空间来面对时代的发展。教师应把握不断发展的课程观，不断融入新知识、新思想、新方法，既要适应课程的生长，又要促进课程的生长，既要关注学生的学习与成长，也要关注课程的生长，积极参与课程改革。当前基础教育课程改革对课程内容的基本要求是：改变课程内容过于繁杂、过于艰深、过于陈旧，脱离学生的生活经验的现状。面对这一课程改革目标，教师不能完全依赖教材的改变，应从课程生长与学生生长的和谐关系中，主动找到课程的最佳生长状态。

课堂三要素的生长是相互关联的，任何破坏系统平衡的因素都会干扰三者的正常生长。只有在生态课堂中，“教学相长”才能得以充分体现。从三者生长的关系来分析，课程的生长起基础性的作用，课程在与教师、学生的交互作用中生长，同时，课程里凝聚了众多课程专家的心血，它的生长与整个教育系统，乃至整个社会的精心呵护密不可分。课程的生长就是灵魂的纯化与升华，教师、学生的生长是悟“道”的必然结果。

第二节　课堂生态的性质

一、课堂生态的本质

生物和环境是构成“生态”的基本构成要素。没有生物生活于其中的环境，便无所谓“生态”。在一定“生态”之中，生物和环境是互为依存的。表现在：一方面，生物是存在于一定环境中的具体的生物，脱离了具体环境的生物是抽象的生物，是“死”物而不是“生”物；另一方面，环境是生物生活于其中的环境，脱离生物的环境也是虚拟的环境。因此，作为一个科学概念，“生态”的内涵既不是单独指脱离环境的抽象的生物，也不是单独指脱离生物的非现实的环境，而是指生物和环境以一定关系为纽带而形成的有机整体。需要明确指出的是，“生态”概念中的“生物”有两层含义：一是相对于具体环境而言，作为类似存在的生物共同体；二是相对于同一生活环境中其他生物而言，作为群体或个体而存在的生物群体和生物个体。所以，生物和环境之间的关系，既指生物共同体、生物群体或生物个体与环境之间的关系，也指共同生活于一定环境之中的生物个体或群体之间的关系。不论是广义的课堂，还是狭义的课堂，都具有生态性。这种存在于课堂中的生态就是课堂生态。与自然生态或者文化生态相比较，课堂生态是一种特殊的生态。之所以特殊，主要是因为课堂生态具有自然生态或者文化生态所不具有的、独特的课堂生态主体和课堂生态环境。

总体而言，课堂生态主体包括教师和学生。但是，具体而言，师生作为课堂生态主体又包括两种不同的情况：其一，相对于课堂生态环境而言，师生形成一个整体，并构成课堂生态的主体，两者之间存在着种种关系，或文化的、或物质的、或心理的。课堂生态环境从总体上影响着课堂生态主体的存在状态和发展趋势，而后者又以各种方式保持、改变或改造着前者。两者之间的这种相互作用，使其相互渗透和融合，共同构成了一个完整的课堂生态系统。其二，师生彼此互为参照，从而构成两类课堂生态主体，即教师生态群体和学生生态群体。以学生为参照，教师形成了教师生态群体。在群体内部，教师个体与教师个体之间、教师个体与教师群体之间、教师群体与教师群体之间存在着各种联系，或正式的、或非正式的，或物质的、或精神的。以教师为参照，学生形成了学生生态群体。在群体内部，学生个体与学生个体之间、学生个体与学生群体之间、学生群体与学生群体之间也存在着各种联系。这两类课堂生态主体不仅各自内部存在着种种联系，而且彼此之间亦进行着相互作用和相互塑造，最终使两者之间发生有机联系，浑然一体。

从与课堂生态主体关系的角度来看，课堂生态环境主要分为三类：客体性课堂生态环境、派生性课堂生态环境和客体性课堂生态主体。“客体性课堂生态环境”是指那些独立于课堂生态主体的主观意识而客观存在的课堂生态环境因素，主要包括一些物理因素，如教室颜色和温度、教室课桌、教室光线照明等。“派生性课堂生态环境”是指那些由课堂生态主体派生而形成的课堂生态环境因素，主要包括班级人际关系、班级学习风气和班级管理制度等因素。其之所以构成课堂生态环境因素，是因为这些因素虽然孕育于一定的课堂生态主体，并随其变化而变化，但是一经正式形成，便具有相对独立性和稳定性，会对派生它们的课堂生态主体产生客观而相对持久的作用和影响。“客体性课堂生态主体”是指作为客体性环境因素而存在的课堂生态主体，主要包括对学生课堂生态主体具有影响作用的教师个人因素，如专业素质、文化修养和个性倾向等；对教师课堂生态主体具有影响作用的学生个人因素，如家庭背景、知识结构和个性倾向等。马克思曾说：“人在作为认识主体而存在的同时，也总是作为对象化的认识客体而存在的。人总是从对象化的客体来认识自己的。”① 也就是说，人总是把他人作为一面认识自己的镜子（对象化的客体），并从中了解自己的不足与长处。教师在认识学生的同时，也通过学生认识自己，而且其自身也成为学生认识活动的客体。反之，学生亦然。在课堂生态中，师生之间、生生之间，是具有交互性的主客体关系。当教师或学生成为他人的认识对象时，其自身便成为相对于他人的主体性客体。从这种意义上讲，师生在作为课堂生态主体的同时，也是客体性课堂生态环境的因素。

根据以上分析，课堂生态这一概念的本质内涵是：课堂是一种特殊的生态。在课

---

① 中共中央马克思恩格斯列宁斯大林著作编译局．马克思恩格斯全集说明汇编[M]．北京：生活·读书·新知三联书店，1977：26.

堂生态中，课堂生态主体（师生）与课堂生态环境之间、课堂生态主体与课堂生态主体之间存在着各种生态联系，它们共同使课堂形成了一个有机的生态整体。

二、课堂生态的特征

作为一种特殊的生态，课堂生态具有三大特征，即有机整体性、师生协同变化性和共生性。

（一）有机整体性

课堂生态是由彼此之间具有有机联系的部分构成的统一整体，部分与部分之间具有内在统一性。首先，课堂生态主体和课堂生态环境是交互影响的有机整体。通过对课程教材的教授和学习，课堂生态主体的知识结构和认识能力发生了相应的变化。这种变化的性质和程度取决于课程教材的性质，同时也取决于课堂生态主体教授和学习课程教材的方式。例如，教授和学习繁、难、偏、旧的课程教材时，课堂生态主体在知识结构和认识能力等方面所发生的变化在性质上就可能显得有些“不合时宜”，而且变化可能被局限在小范围的课堂生态主体内，而其他课堂生态主体则可能超出了这种变化的范围。这种情况则可能导致课堂生态主体的反思，从而对课程教材进行必要的改变或改进，以相互调适。在颜色柔和、温度适中、光线充足、亮度适中的教室环境中进行课堂教学活动，课堂生态主体必然心情舒畅、精神饱满。反之，则可能容易疲劳、情绪低落。这就是中国人所说的“钟灵毓秀”。对此，苏联教育家苏霍姆林斯基这样描述道：“登上小山冈，第聂伯河岸旷野的美景即可展现在眼前……波尔塔瓦地区的原野和克列明楚格水库的碧蓝水面也可尽收眼底，地平线上刻画着水电站的轮廓，清淡的雾霭中依稀可见铁路车辆厂和汽车制造厂的厂房。西面和南面是一望无际的田野……这一切对孩子们的身体发育和健康都是十分有利的。”[①]教室座位编排方式内在地决定了师生之间的沟通方式和范围。在“秧田式”的座位编排方式里，师生之间的信息沟通以教师向学生进行单向沟通为主，沟通的范围局限在学生个体和教师之间，而学生个体与学生个体、学生个体与学生群体、学生群体与学生群体之间几乎没有信息的交流和沟通。“马蹄组合型”的座位编排方式便会产生与之相适应的沟通方式和沟通范围。[②]

其次，课堂生态主体与课堂生态主体之间通过彼此间的交互作用，形成相互适应

① （苏）B·A·苏霍姆林斯基．帕夫雷什中学[M]. 赵玮等译．北京：教育科学出版社，1983：124.

② 吴康宁．教育社会学[M]. 北京：人民教育出版社，1998：348.

的有机整体。教师在以某种方式成功地“塑造”着学生的同时，学生也以其相应的方式在教师身上留下了深深的痕迹。在课堂管理中，学生的行为常常因为教师管理行为的专制性而变得具有顺从或抵制等的特征。反之，学生在行为上所表现出来的顺从或抵制对教师的专制性行为具有强化作用。换言之，教师的专制和学生的顺从或抵制具有内在的系统性。学生之间也是如此。

（二）师生协同变化性

课堂是一种特殊的生态，构成课堂生态的各个要素相互作用、相互影响，一方的变化导致另一方发生协同变化。国外学者科特查姆对教室颜色的变化与学生学习变化之间的协同性进行过比较研究[①]：在第一所学校里，教室没有油漆过；在第二所学校里，教室的墙壁和天花板分别粉刷成普通的淡黄色和白色；在第三所学校里，按照颜色产生动力的原理，教室的走廊被刷成令人兴奋的黄色，配上灰色门。朝北的教室粉刷成淡玫瑰色，朝南的教室用的是冷色，如蓝色、绿色等，前方墙壁的颜色比两侧墙壁的颜色深，美术室用非彩色的灰色，以减少耀眼程度。经过为期两年的观察，得出的研究结论是：第三所学校的学生在几个方面都有很大的进步。第一所学校的学生的进步最小。第二所学校的学生所取得的进步介于前两者之间。该项研究表明：作为课堂生态物理环境因素的教室颜色的变化与作为课堂生态主体的学生的学习变化之间具有显著的协同性。在课堂生态中，作为课堂生态主体的教师和学生在情绪和情感上的变化也具有协同性。在课堂教学活动中，教师和学生的情绪、情感相互交织，形成了一个生态性的心理场，不论是教师，还是学生，其情绪、情感上的变化，甚至是微弱的变化，都可能使处于这一心理场中的其他学生产生情绪、情感上的协同变化。如果教师精神饱满、情绪激昂，常常就会不经意地感染、打动学生，使后者渐入情绪、情感的唤醒状态。相反，教师精神萎靡、情绪低落，常常会使学生的情绪、情感由激情状态或正常状态转入休眠状态。面对一批精神萎靡不振、情绪低迷惆怅的学生，就是处于激情状态的教师也不能幸免其负面影响。学生之间也同样存在着这种情绪和情感上的协同变化。在教学论的话语体系中，常常把课堂生态主体之间在情绪和情感上的协同变化及其结果称之为“课堂教学气氛（Teaching Atomosphere）”[②]。

（三）共生性

生活于同一课堂生态中的教师和学生在存在形态上表现为一种共生态，即一方的存在状态以另一方的存在状态为条件和依托，一方存在状况的变化直接或间接地对另

① 范国睿．教育生态学[M]．北京：人民教育出版社，2000：234.

② 肖学文，黄争春，李鸿伟．教学论[M]．延吉：延边大学出版社，2017：58.

一方的存在状况产生影响。这种共生关系有两种形式：互利共生和偏利共生[①]。“互利共生”是指共生双方的这种共生关系对彼此的存在和发展都有利。“偏利共生”是指共生双方的这种共生关系只片面地有利于其中一方的存在和发展，一方的存在和发展以牺牲另一方的利益为前提条件。

师生之间主要是一种互利共生的生态关系。课堂教学既是师生双方的生命活动，也是价值活动。对于教师而言，这种活动的价值实现部分内在于学生的发展。离开了学生的发展，教师生命活动的价值就无以实现；没有学生的发展，这种活动的价值就失去了重要的依托。在很大程度上，学生发展的程度体现了教师生命活动价值的实现程度。

“你中有我，我中有你”是师生之间互利共生关系的形象写照，其实质是由师生自我认同在人际间的相互拓展而形成的自我部分融合——生态自我，是师生生命活动的价值在彼此间的凝结。这正是“天地与我并生，万物与我为一”“教学相长”“学而不厌，诲人不倦”的生态意蕴。也正是在这种意义上，挪威生态哲学家阿伦·奈斯在《浅层生态运动和深层、长远的生态运动：一个概要》一文中深刻地指出：“人类的生活质量部分地依赖于从与其他生命形式密切合作中所获得的深层次的愉悦和满足。那种忽视我们之间的相互依赖并建立主仆关系的企图促使人自身走向异化。”[②]

生生之间的共生关系有两种情况，其一是互利共生的生态关系，其二是偏利共生的生态关系。学生之间在学问方面的相互切磋和合作，在做人方面的彼此参照、相互砥砺和交互影响，对彼此的进步与发展都大有裨益。时过境迁，斗转星移，学生之间这种以互利共生为主导的关系在市场经济条件下慢慢地蜕变了，蜕化为以偏利共生为主导的关系。这种关系的逻辑是：一方的成功，则意味着另一方的失败。没有一方的失败，也就无所谓另一方的成功。成功与失败共生，荣耀与失意同在。这是自然生态中“物竞天择，适者生存”的竞争逻辑在课堂生态中的复演。在现象上，它集中地表现为学生之间在升学方面的恶性竞争；在根源上，主要在于人才选拔制度是一个封闭而非开放的生态系统。

---

① 李聪明．教育评价的理论与方法[M]．台湾：幼狮文化事业公司，1972：26.

② 雷毅．深层生态学阐释与整合[M]．上海：上海交通大学出版社，2012：14.

第三节　课堂生态的建构

一、课堂生态的历史建构

唯物辩证法认为，任何事物都会经历一个产生、变化、发展和逐渐完善的过程，在道路和方向上表现为“波浪式前进”和“螺旋式上升”。课堂生态也有一个逐渐发育和完善的历史发展过程。它随着课堂的产生而产生，并随着课堂的进化而进化。课堂生态进化的实质是课堂生态主体和课堂生态环境的协同进化，进化的动力主要来源于两个方面：一是课堂生态主体的内在发展需要；二是课堂生态主体对不同历史发展阶段在人才质量规格上的客观要求所做出的回应。这里主要从课程设置的历史沿革来论述课堂生态的进化。“作为一个独立的研究领域，对课程进行系统研究并从理论上加以概括，是 20 世纪以来的事情。人们一般认为，美国学者博比特在 1918 年出版的《课程》一书，标志着课程作为专门研究领域的诞生。”[①] 可见，作为一种自觉的理论，课程及其设置只有一段短暂的过去；但是，作为一种思想和教育实践，它们却有着悠久的历史。因此，这里的“课程”主要被理解为教学科目或教学内容，课程设置的历史沿革也主要是从课程思想和教育实践的角度反观教学科目或教学内容在历史发展长河中的演进。

中国古代春秋战国时期，儒、法、道、墨等“九流十家”互相争鸣，学术思想极其活跃。仅就当时并称为“显学”的儒、墨两家而言，其教学内容或科目均呈现出多样化的特点。孔子删诗书，损益周礼，“六艺”（礼、乐、射、御、书、数）和“六经”（《诗》《书》《礼》《乐》《易》和《春秋》）成为当时儒家的主要教学内容和科目，其目的在于培养智、仁、勇、艺兼备的“贤士”，以实现“内圣外王”的儒家理想。墨家的教育活动以培养“厚乎德行”“乎言谈”“博乎道术”的“兼士”为目标，其主要内容包括：以“兼爱”为核心的政治道德教育、科学技术教育、文史教育和培养思维能力的教育[②]。在《对贤良策》中，被尊为“汉代孔子”的鸿儒董仲舒提出，“诸不在六艺之科、孔子之术者，皆绝其道，勿使并进，邪辟之说灭息，然后统纪可一而法度

① 施良方．课程理论：课程的基础、原理与问题 [M]. 北京：教育科学出版社，1996：11.

② 孙培青．中国教育史 [M]. 上海：华东师范大学出版社，2000：15.

可明，民知所从矣”[①]。汉武帝采纳董仲舒的建议，从此，作为一项政治指导思想和文教政策的“独尊儒术，罢黜百家”正式确立，从而开启了以“五经”(《诗》《书》《礼》《易》《春秋》) 为主要教学内容的经学教育时代。宋明时期，经朱熹等宋儒大力提倡，“四书”(《大学》《中庸》《论语》《孟子》) 成为儒家教学活动的主要内容，其地位甚至高于“五经”。这样，以“四书”“五经”为主要教学内容的理学教育一直延续至清末。清朝晚期，西方列强凭借坚船利炮打开了封闭的国门。伴随着“求强求富”的洋务运动和“变法图存”的百日维新运动，自然科学知识和西方近代意义上的社会科学知识才逐渐被纳入教学内容之中，从而结束了儒家经典大一统的局面。

古希腊“智者派”创立了文法、修辞学（雄术）、哲学（辩证法），即所谓“三艺”。古希腊著名哲学家柏拉图“在总结雅典博雅教育教学经验的基础上，在教育史上第一次提出了‘四科’（算术、几何、天文和音乐），其后便成了古希腊课程体系的主干和导源”[②]。这样，“三艺”和“四科”共同构成了“七艺”，成为中世纪至文艺复兴前西欧学校的主要教学内容。文艺复兴时期（14 ～ 16 世纪）和 17 ～ 18 世纪期间，“七艺”先后经历了两次学科分化[③]。经过文艺复兴时期的第一次学科分化，由“七艺”衍生出许多新学科，如文学、历史、地理、艺术、政治和新兴的自然科学等。中世纪的宗教学科退出了学校课程的中心，其地位由复兴的古典文学和新兴的自然科学取而代之，以希腊和罗马古典文学为核心的课程体系逐渐形成[④]。在第一次学科分化的基础上，第二次分化又进一步派生出代数学、三角法、植物学、动物学、机械学、物理学、化学等新兴近代自然学科，并逐渐形成了以人文社会学科为主干，包括新兴自然学科的比较完备的学校课程体系。在 19 世纪的 100 年间，欧洲的主要国家都先后告别了农业文明时代而进入了工业文明时代。在政治上，处于民族主义和自由主义的影响下的欧洲进入了现代化时期[⑤]。欧洲的现代化进程对 19 世纪的教育发展产生了多方面的重大影响，其中包括在学校课程设置方面的显著变化。面对这种历史性变化，从课程设置的角度首先做出明确回应的，是当时英国著名社会学家、哲学家和教育家赫伯特 · 斯宾塞。他首次明确地提出了课程理论的经典问题：“什么知识最有

---

① 班固 . 汉书 [M]. 兰州：兰州大学出版社，2004：19.

② 田本娜 . 外国教学思想史 [M]. 北京：人民教育出版社，2001：24.

③ 王天一，夏之莲 . 外国教育史 上 [M]. 北京：北京师范大学出版社，1984：103.

④ 田本娜 . 外国教学思想史 [M]. 北京：人民教育出版社，2001：24：57.

⑤ 德尼兹 · 加亚尔，贝尔纳代特 · 德尚 . 欧洲史 [M]. 蔡鸿滨，桂裕芳，译 . 海口：海南出版社，2000：56.

价值？”“一致的答案就是科学。”[①]在他的倡导下，生理学、逻辑学、数学、力学、物理学、化学、天文学、地质学、生物学等近代新兴自然科学进入了学校课程领域，并逐渐替代了文艺复兴以来希腊罗马古典文学在学校课程体系中的核心地位，成为学校课程体系中的主导性教学科目。

纵观特定历史时期中外教育在教学内容或科目方面的历史嬗变，可以看出：在特定社会历史发展时期，课程设置与当时的社会环境、学校教育培养目标之间，具有一种客观存在的相互适应性。从生态学的观点看，这种客观存在的相互适应性，使课程设置与社会环境、人才培养的规格质量之间构成了生态。中国古代教育以儒家经典为主要教学内容，教学科目具有高度的稳定性和明显的伦理价值取向，而近代西方意义上的科学教育基本上被长期排除在外。课程设置与中国古代社会长期处于农业文明状态之间构成了一种生态关系。这种课程设置所包含的教学内容或科目，为培养适合中国古代农业社会的治术人才提供了最适宜的生态资源。前者为滋养后者提供了肥沃的土壤和充足的养分，而后者亦为前者的长期存在提供了合理性。以“三艺”为基础而相继衍生出来的教学内容或科目，也是以西方在不同社会历史发展阶段所提供的环境为基础而产生的。古希腊智者派所提倡的“三艺”、欧洲中世纪所提倡的具有浓厚神学味道的“七艺”，以及以斯宾塞为代表所提倡的具有科学主义倾向的教学科目，无疑为古希腊雄辩人才、中世纪神学人才和现代化进程中的欧洲所需要的实用人才提供了最为适宜的教学生态资源。“四书”“五经”等儒家教育的主要教学内容或科目，在东方而非西方如此生机盎然，竟延绵千年而不绝，而以科学教育为主要教学内容或科目的课程设置，肇始于欧洲而非中国，这绝非历史的偶然。两者并行不悖，各自沿着不同的轨道发展而不曾发生历史性错位。究其原因，两者所赖以生存、发展的生态环境迥然有别，这实乃重要根源。

二、课堂生态的价值建构

课堂生态的价值建构所遵循的，是与人类中心主义价值观相对的生态主义价值观。人类中心主义，亦称为人类中心论，古希腊哲学家普罗泰戈拉的名言“人是万物的尺度，是存在的事物存在的尺度，也是不存在的事物不存在的尺度”[②]便是这种价值观的经典表述。中国生态哲学家余谋昌认为，“人类中心主义，或人类中心论，是一种认为人是宇宙的中心的观点。它的实质是：一切以人为中心，或者一切以人为尺

① 王天一，夏之莲．外国教育史 上[M]．北京：北京师范大学出版社，1984：106.

② 罗素（Russell B.）．西方哲学史[M]．张作成，译．北京：北京出版社，2012：36.

度，为人的利益服务，一切从人的利益出发。”① 有论者从价值观的角度将人类中心主义概括为：人类中心主义把人看作是自然界唯一具有内在价值的存在物，自然及其存在物不具有内在价值而只具有工具价值，人的内在价值构成一切价值的尺度。因此，实践的出发点和归属，只能是而且也应当是人的利益。这种价值观的伦理学意义是，人对自然并不存在直接的道德义务。这样，人类中心主义就自然而然地把自然及其存在物从人的道德关怀领域排除出去了②。

“教师中心论”和“儿童中心论”，是人类中心主义在课堂价值观上的投射或主要表现。“教师中心论”，是传统教育理论在教与学的关系问题上的一种典型主张。它视教师为教学过程的主宰，片面强调教师的意志和权威，认为教学活动是教师向学生灌输知识的活动，学生应该处于消极机械被动的承受状态。“儿童中心论”是对“教师中心论”的反动，认为教学过程应以儿童为中心，应根据儿童的兴趣和需要提供材料供儿童学习。无论是“教师中心论”，还是“儿童中心论”，其所隐含的价值取向都是人类中心主义所蕴涵的人与自然的价值关系在师生关系上合乎逻辑的延伸。“教师中心论”使师生关系的价值天平严重不合理地向教师一方倾斜，在片面强调教师权威的同时，忽视了儿童的主观能动性，把学生由认识活动中活生生的主体贬抑为机械的、被动的和消极的知识“容器”，是对学生具有自我成长、自我发展和自我实现等内在价值的否定，是对学生的“物化”。“儿童中心论”在旗帜鲜明地反对“教师中心论”的过程中，却有违初衷地滑向了自己的对立面。正如以复兴古希腊罗马文化为己任的伟大的文艺复兴运动，在复兴过程中却不幸地堕入了“古典主义”的泥潭而无法自拔。同“教师中心论”一样，“儿童中心论”在一定程度上也有忽视课堂生态主体在教学过程中追求自我实现的内在价值的倾向。只不过前者否定的是儿童，抬高的是教师，后者却反其道而行之。在导致师生关系失去平衡这一点上，两者只有顺序的差别而已，并无实质的不同。在把师生双方的内在价值和工具价值对立起来的方面，两者倒是有惊人的相似之处。价值在主体间的不合理倾斜，常常意味着主体在生态上的失衡。

生态主义价值观是一种自我实现的价值观。人本主义心理学的主要创始人之一马斯洛认为：“自我实现是一个人力求变成他能变成的样子，主要有两层含义：完满人性（full humanness）的实现——作为人类共性的潜能的自我实现；个人潜能（personal potency）或特性（feature）的实现——作为个体差异的个人潜能的实现。”他曾形象

① 余谋昌．惩罚中的醒悟走向生态伦理学 [M]. 广州：广东教育出版社，1995：185.

② 雷毅．深层生态学思想研究 [M]. 北京：清华大学出版社，2001：15.

地说："一位作曲家必须作曲，一位画家必须绘画，一位诗人必须写诗，否则他始终无法安静。一个人能够成为什么，他就必须成为什么，他必须忠实于他自己的本性。"[①] 在继承精神分析心理学家荣格对 self（自我）和 ego（本我）的区分的基础上，生态主义者对自我实现进行了新的诠释，赋予了新的内涵。[②] 他们认为，自我实现是人的潜能的充分展现，使人成为真正的人——生态自我（ecological self）的境界。在这里，"自我实现"中的"自我"是形而上的"自我"，是用大写的字母"S"构成的（Self），即通常所说的"大我"，它有别于小写的"自我（self）"，即通常所谓的"小我"。由"大我"到"小我"的自我成熟过程，要经历如下阶段：从"本我（ego）"到"社会的自我（social self）"，从"社会的自我"到形而上的"生态自我（ecological self）"。这一过程是作为意识心灵的自我（ego）对原型自我（self，即人类种族遗传的集体潜意识本性）的深刻觉知，进而实现形上自我（Self）的过程。其实质是价值认同，即人在价值上不断扩大自我认同对象范围而逐渐缩小自己与自然界其他存在物的疏离感的过程，是人不断走向异化，并最终实现"在所有存在物中看到自我，并在自我中看到所有存在物"的过程。这种价值认同的基础，是认同者和被认同者都具有某种可以为直觉而非逻辑所证明的同一性，即内在价值。这种价值认同的前提，是两者内在价值上的不完满性和互补性。正如英国浪漫主义诗人华兹华斯所说："在自然界，没有任何东西能够自给自足。每个物体，尽管是一个实实在在的个体，却都对另外的物体负有某种义务；反言之，其他物体又是它生存的条件。因此，自然整体是一个由各种依附关系组成的集合体系，是不能用机械论的模式来套用的。"[③]

生态主义者所极力奉行和追求的这种价值观和人生境界，在中国古代的圣贤那里早有端倪。孔子"吾与点也"的喟然感叹，庄子"天地与我并生，万物与我为一"的人生理想，陆象山"宇宙不曾限隔人，人自限隔宇宙"的人生参悟，正是这种价值观和人生境界的形象写照。然而，在严酷的现实生活中，"天地"与"我"对峙，"万物"与"我"两分，天人之际阻塞，何也？对此，冯友兰先生一针见血地指出："人之私也。"[④] 正是这个挥之不去的恶性膨胀的"人之私"，常使人为物所役，为情所累，把原本属于宇宙的一部分的人从这个宇宙分割出来，仿佛胎儿被剪断了脐带而失去了与母体的生命关联，孤独、寂寞、彷徨、苦闷、无助……接踵而来。出路何在？中外哲

① 车文博．西方心理学史[M]．杭州：浙江教育出版社，1998：55.

② 雷毅．深层生态学思想研究[M]．北京：清华大学出版社，2001：45.

③ 侯文蕙．征服的挽歌：美国环境意识的变迁[M]．北京：东方出版社，1995：34.

④ 顾春．来源·争论·特性——陆九渊教育思想三论[M]．北京：教育科学出版社，2003：176.

人见仁见智。冯友兰说“去私”，舍此则别无他途；海德格尔终于在上帝那里找到了“心灵的鸡汤”，发现了存在的意义，不无感慨地喊出了“只有一个上帝才能救赎我们”的警世微言；当代最有影响的哲学家之一、法兰克福学派第二代的主要代表人物哈贝马斯更是入木三分，深情地呼唤“解放理性”，“从外在于自己的存在中解放出来”①。

以生态主义价值观为基础而建构的课堂生态价值观认为：不论是教师，还是学生都具有内在价值和工具价值，是两者的有机统一；从价值论的角度，师生双方在内在价值和工具价值方面的不完满性和互补性，构成了课堂生态价值观的基础和前提。

不论是教师，还是学生，都具有内在价值和工具价值，是两者的有机统一。师生的内在价值源于双方自我实现的内在需要。对于教师而言，自我实现的实质是以知识为载体而凝结在教师身上的价值的充分而有效地释放，在现象上表现为由这种价值释放而激发的师生之间的心灵畅通和情感共鸣、教师所真切体验到的精神愉悦和满足。同时，自我实现还包括教师以价值释放为契机而促成的个人发展，主要包括专业知识、技能技巧、文化素养和思想道德品质等方面素质的不断提高。对于学生而言，自我实现的实质是学生在教师价值释放过程中通过自身的学习活动而实现的以知识为载体的价值转化和价值生成，在现象上则表现为学生在教师自我实现过程中所切实体验到的个人充实感。师生的工具价值是双方以各自所具有的内在价值对对方所构成的意义而形成的。学生在教师价值释放的过程中所进行的价值转化和价值生成，使教师的内在价值相对于学生而言具有了工具性的意义；同样，教师在学生的价值转化和价值生成过程中所进行的价值释放，使学生的价值转化和价值生成相对于教师而言具有了工具性的意义。

教师具有内在价值只是为教师具有相对于学生的工具价值提供了可能性，是学生的内在价值为教师的内在价值转化为工具价值提供了可靠的实现途径。因此，离开了学生的内在价值，便谈不上教师的工具价值；同样，学生具有的内在价值要成功地转化为学生相对于教师的工具价值，也只有依托于教师的内在价值才能实现。离开了教师的内在价值，学生的工具价值也就无从谈起。在这种价值转化过程中，师生双方相互依存的内在价值为彼此由“本我”上升为“社会自我”和“生态自我”提供了道路。师生双方在价值上的这种不完满性和互补性，使双方在价值上的相互渗透和彼此结合不仅成为可能，而且成为必要。这种可能性和必要性，成为建构完整的课堂生态价值观的基础和前提。

① 刘放桐．新编现代西方哲学[M]．北京：人民出版社，2009：479.

三、课堂生态的社会建构

课堂生态的社会建构所关注的，是如何建构生态型的师生关系和生生关系。这种建构的基础是课堂生态价值观。在一定意义上，生态型的师生关系和生生关系，是课堂生态价值观在人与人的关系上的集中表现。这样的关系主要包括两个方面：其一，课堂生态主体在价值层面上居于平等地位；其二，民主是在价值上居于平等地位的课堂生态主体相互作用的基本原则和主要生活方式。

（一）课堂生态主体：平等的价值主体

课堂生态价值观认为，师生是内在价值和工具价值的统一体；师生双方在价值上具有不完满性和互补性。以此为基础，课堂生态主体各自拥有属于自己的、不可替代的内在价值和工具价值，在价值本体的层面上居于平等地位。正如斯宾诺莎所说："一切具体事物都是神的表达。通过所有事物，神显现自己，没有等级，不存在人们所说的低等是为'高等'而存在的终极目的，有一种本体论上的民主和平等。"[①]这种平等的社会学意义是，师生双方都必须相互珍视对方不可剥夺的价值，并在心理上相互抱有一种敬畏之情。任何一方都没有充分而正当的理由控制或者支配另一方，因为这种控制或支配的实质，是控制者或支配者对被控制者或被支配者所具有的内在价值和工具价值的不合理的剥夺。它剥夺了被控制者在审视自己内在价值的基础上理智地对外界影响做出独立判断和自主选择的宝贵机会和正当权利。丧失了独立判断力、失去自主选择的机会之后的被控制者极可能沦为受外界影响的盲从者或盲目反抗者。在师生关系的五种范型（专制型、管理型、挚爱型、放任型和民主型）[②]中，尊重彼此的价值，相互抱有一种心理上的敬畏，在民主型的教师和学生关系中得到了较好的体现，而专制型的师生关系则明显地存在着控制或支配他人的不良倾向。对于这种近乎愚蠢的控制欲望或行为，法国启蒙思想家蒙田曾以犀利而辛辣的笔触给予了无情的嘲弄和鞭挞，他说："让人用理性的力量来使我懂得，他把自己认为高于其他存在物的那些巨大优越性建立在什么基础上……其实，人连宇宙的分毫也不能认识，更谈不上指挥和控制宇宙了。"[③]恩斯特·卡西尔更是称这种欲望或行为是"一种小心眼的、乡下佬式的思想方式和判断方式"的结果，因为用这种方式进行思想和判断的人"总是倾向于把他生活的小圈子看成是世界的中心，并且把他的特殊的个人生活作为宇宙的

① 雷毅．深层生态学思想研究[M]．北京：清华大学出版社，2001：36.

② 田慧生，李如密．教学论[M]．石家庄：河北教育出版社，1996：122.

③（德）卡希尔．人论[M]．长春：吉林出版集团有限责任公司，2014：19.

标准”[①]。对于这种控制或支配，有学者认为，“它是一个妄自尊大的想象产物，是当生物学和哲学还处于低级幼稚阶段时期的产物。”[②]

（二）民主：课堂生态主体相互作用的基本原则和生活方式

课堂生态主体所享有的不可剥夺的平等地位，为民主成为课堂生态主体相互作用的基本原则和生活方式提供了合理性依据。作为课堂生态主体相互作用的基本原则，民主主要表现为课堂生态主体在制度的层面上享有平等地参与课堂组织管理的权利。具体包含两个方面：其一，课堂组织管理的权力是一种有限权力。无数惨痛的历史事实证明：只有加以有效限制的权力才会成为服务于大众利益的公器，否则，任何权力都极有可能成为少数人玩弄于股掌之间的，用以愚弄、支配多数人从而谋取个人或集团利益的私器。没有限制的权力，一定会走向腐败。曾被马克思誉为“在法国为行将到来的革命启发过人们头脑的那些伟大人物”[③]之一的卢梭，在其名著《社会契约论》中，对权力的起源、合理性及如何限制、规范权力等问题的探索，是人类迄今在这方面的光辉典范。课堂是一种生态，也是一种具体而微的社会，因此，课堂组织管理权力也无法逃过有限权力这条铁律。对课堂组织管理权力不加限制，这种权力也会变为课堂中少数人对多数人的不合理控制。实施这种限制的有效形式之一，是制定课堂组织管理权力成文公约。公约对课堂生态主体具有同等效力的约束力，任何人不得享有特权，凌驾于公约之上。公约的主要内容是对课堂组织管理的权限在课堂生态主体间进行合理分配。课堂组织管理公约的有效性，主要取决于课堂生态主体参与公约讨论、制定和修改的广泛性和充分性。不仅要尽可能地动员班级全员参与公约的讨论、制定和修改，而且还要尽可能地保证班级全员对公约的条款，特别是重要条款，进行最大限度地充分讨论，并最终形成代表大多数人利益的班级公意。在公约的制定上，要小心地警惕任何利用公约的形式变相维护个人特权的不良倾向。在维护权力成文公约的原始精神这个问题上，孟德斯鸠的话是发人深省的，他说：“专制政体的原则是恐怖；恐怖的目的是平静。但这种平静不是太平。它只是敌人就要占领的城市的缄默而已。”[④]另外，保障课堂组织管理权力公约赋予课堂生态主体的权力具有相互制衡性。健康的权力不仅要加以合理的限制，而且各种权力之间要相互制约，以保证权力

① （德）卡希尔．人论 [M]. 长春：吉林出版集团有限责任公司，2014：20.

② （美）蕾切尔·卡尔森．寂静的春天 [M]. 南京：译林出版社，2018：263.

③ 中共中央马克思恩格斯列宁斯大林著作编译局．马克思恩格斯全集说明汇编 [M]. 北京：生活·读书·新知三联书店，1977：78.

④ （法）孟德斯鸠．论法的精神 [M]. 欧启明，译．南京：译林出版社，2016：60.

之间的均衡性。这涉及代表班级成员按照公约对班级进行组织管理的机构的内部架构问题。可以成立班级管理委员会，下设几个职能部门，如班级事务管理小组、班级组织管理检查小组和班级公约解释小组。班级事务管理小组负责按照课堂组织管理权力公约管理班级事务，包括学习、娱乐和卫生等方面；班级组织管理检查小组负责监督班级事务管理小组严格按照课堂组织管理权力公约进行管理；班级公约解释小组负责解释课堂组织管理权力公约。三个职能部门共同对班级全员大会负责。

作为课堂生态主体的生活方式，民主主要是指班级成员依法享有课堂组织管理权力公约所赋予的充分的言论自由和思想自由。生态学中的物种多样性共生原理是在课堂生态中倡导思想自由和表达自由的理论依据。对于自由的理解，有学者这样论述道："在一个国家里，也就是说，在一个有法律的社会里，自由仅仅是一个人能做他应该做的事情，而不被强迫去做他不应该做的事情。"① 人人生而自由，它既非恩赐，也不可以被剥夺。在课堂生态中也同样如此。在课堂组织管理权力公约所规定的范围内，课堂生态主体享有根据自己的意志自由地进行思想、表达和行事的权利。基于思想自由的表达自由是克服一切平庸和荒谬的锐利武器。对此，美国著名实用主义哲学家杜威对其反面有过精辟的论述："一方面，个人被剥夺了他有可能从别人那里获得的材料，而这些材料正是思想的养分和食物。他没有机会倾听和注意各种不同的观点，他的观点几乎必然会限于一种思路，这种限制最有利于形成偏见和精神冷漠。另一方面，观点若得不到表达，就有可能窒息而死；或者转向激情，从而断送了心平气和的探究与理解；或者寻求某种间接的、遥远的、技术性的从而是安全可靠的渠道。""荒谬的东西多种多样，经过一段时间，它们便会在自由表达形成的争辩中相互抵消；而且错误将在经验中被清洗出去，就像污垢在肥皂水中被清洗一样。"② 课堂生态主体享有思想自由和表达自由的权利，有利于克服平庸和荒谬，形成卓越创见。同时，思想自由和表达自由也是沟通课堂生态主体之间不同看法和观点，形成班级共识和公意，并最终缔造和谐的课堂生态共同体的有效途径。在这种和谐的课堂生态共同体里，课堂生态主体拥有基于意见沟通基础之上的共同的"利益""目的""愿望"和"信念"，共同体的成员对他们的共同性有自觉的"理解"、强烈的"兴趣"和积极的"追求"，他们在情感上联系在一起，自觉地认识到自己的行为对他人的行为可能造成的影响以及他人的行为对自己的影响。

---

① （法）孟德斯鸠．论法的精神 [M]. 欧启明，译．南京：译林出版社，2016：154.

② 孙有中．美国精神的象征——杜威社会思想研究 [M]. 上海：上海人民出版社，2002：139.

四、课堂生态的心理建构

课堂生态社会观倡导，课堂生态主体在价值层面上是平等的，民主是课堂生态主体相互作用的基本原则和生活方式，遵从有限权力原则、权力制衡原则、思想自由和表达自由原则。这就内在地要求在课堂生态主体之间提倡宽容、容忍和相互尊重等的社会心理氛围，课堂生态主体必须具有自立、自信和自强等个性心理品质。作为课堂生态主体相互作用的基本原则和生活方式，民主必然在社会心理上引起相应的反应，主要表现为课堂生态主体之间的宽容、容忍和相互尊重。宽容的内涵是：对同一事物持不同观点，乃至对立观点的人们能够在同一时间和同一地点和谐共存或共生，并且在原则上各自都拥有自主地修正、发展或完善其观点的权利。宽容源于一种历久不变的信念；谬误在自由争鸣中终将蜕去笼罩其上的五彩光环，逐渐失去足以自存的力量；真理性的认识终将脱颖而出赢得大众，无须假借任何所谓的外在权威。宽容不仅是指对合乎自己的观点、思想和行为发自内心的欣赏和没有任何矫情的赞同，也是指对于陌生或“异己”观点和思想的中立，更是指对“异己”观点和思想的持之有据的而不是假以某种权威的批判。失去了宽容这种可贵的社会心理氛围，观点和思想就会常常因缺乏碰撞和交锋而趋于僵化和偏执，谬误常常为掩饰其内在的虚弱无力而假借外在权威以巧取本身不该享有的合法地位，而接近真理的观点、思想常常被指为异端，更有甚者，还会出现种种形式的血腥和暴力。如果没有宽容的社会心理氛围，春秋战国时期是否还会出现人们至今仍引以为豪的“百家争鸣”？历史的天空是否还闪现由“九流十家”所描绘的绚丽一幕？如果没有宽容的社会心理氛围，朱陆还会盛会于“鹅湖”之畔，为“尊德性”和“道问学”而激烈争论？如果中世纪欧洲的宗教裁判所稍微有那么一丁点儿宽容，哥白尼的“日心说”是否还会被推翻？被科学证明为谬误的托勒密“地心说”是否还能假借罗马教廷的淫威而大行其道？布鲁诺是否还会被狭隘、偏执的罗马教廷荒谬地斥责为所谓的“异端”而被活活地烧死在古罗马的鲜花广场？伽利略是否还会被拘禁在那幽暗的囚室？答案不言而喻。因此，以孕育新观点和新思想为重要任务的课堂生态，必须以尊重课堂生态主体的价值平等为基础，为各种观点和思想的碰撞和交锋提供宽容、容忍和相互尊重的社会心理氛围，把观点和思想的灌输升华为观点和思想在课堂生态主体之间的交流、沟通和对话。

自信、自立和自强是课堂生态主体在宽容、容忍和相互尊重的社会心理氛围中所必须具备的个性心理品质。宽容、容忍和相互尊重只是为课堂生态主体提供了宽松的适宜生长的社会心理环境，但课堂生态主体的成长质量在很大程度上依赖于其自身的个性心理品质。宽容不是对错误的曲意退让和迁就，也不是在正确与错误之间做无谓的折中调和，更不是对错误的刻意保护，而是坚信：在与正确的无形较量中，错误无论怎样伪装和矫饰，都不会逃过时间的法眼，最终会渐渐淡出人们的视线。因此，在宽容的课堂生态环境中，更需要课堂生态主体对各种观点和思想进行独立自主的判断和思考，鉴别真伪，不为他人或外界因素所左右。这就是精神自立。否则，就会为各种观点和思想所淹没而迷失自我，无以自存。要勇于坚持自己认为是正确的观点和思想，同时，在事实与证据面前不是固执己见，而是“三省吾身”“见贤思齐”“改过迁善”，在自我拷问和反省中告别错误，追求光明和进步。真正自信和自强的人，会因为一心向善而主动坦陈自己的不足与错误，而不自信、不自强的人则常因自身的虚弱无力而需要刻意修饰、掩盖其错误与不足。正如中国古语所说：“天行健，君子当自强不息。”

第三章　英语生态课堂构建的理论基础及现状

英语生态课堂作为一种全新的教育理念，逐渐渗透到了英语教学课堂之中，在其具体实施的过程中需要每一位教育工作者认真研究、精心经营，才能确保这一理念的有效落实。构建英语生态课堂是一项艰难的系统工程，它包括优化课堂环境、整合课程资源、改善师生关系、加强课堂互动和完善评价机制等。英语生态课堂的构建，改善了日前英语课堂的诸多生态失衡现象，体现了以生为本的生态理念，激发了生态主体的学习积极性，充分挖掘并发挥其学习潜能，使生态主体得以全面可持续发展，本章就英语生态课堂构建的理论基础及现状进行了阐述。

第一节　理论基础支撑与生态原则

一、生态学理论的借鉴

（一）生态学的一般规律

关于“生态”，从汉语字面来看，“生”主要是指活着的、有生命的，可以在一定条件下培育生物体生存、发展、成长；“态”主要是指形状、样子。生态含有生物自然状态的意思，源于古希腊文，意思是指家或者环境。简单地说，生态就是指一切生物的生存状态，以及它们之间和它与环境之间彼此相连的关系。《辞海》中对“生态”一词的解释是：自然环境系统中生物与生物之间、生物与生存环境之间相互作用建立的动态平衡关系。简单地说，生态的内涵是指生物有机体与周围外部环境的关系，其主体是生物有机体。伴随着社会的发展，生态的内涵也在不断扩大，从特指生物有机体与周围外部环境的关系扩大到人类与周围环境的关系，进一步扩大到人类与自然环境及人文环境的关系，继而进一步扩大到人类环境中各种关系的和谐，其主体可以是生物有机体，也可以是人类。现代意义的生态学已经渗透到各个领域，“生态”一词涉及的范畴也越来越广泛，经由“关系论”升华为“和谐论”，即主张环境问题的解决，“一方面要求人类与其生物与非生物环境之间的和谐，另一方面还意味着人类生存环境系统中各个子系统之间的和谐，即人文层面中政治环境、经济环境、社会环境、文化环境等与自然环境之间的和谐及它们彼此之间关系的和谐。”[①] 美国科学家小米勒总结出的生态学三定律如下[②]——生态学第一定律：人类的任何行动都不是孤立的，对自然界的任何侵犯都具有无数的效应，其中许多是不可预料的。这一定律是G.哈定提出的，可称为多效应原理。生态学第二定律：每一事物无不与其他事物相互联系和相互交融。此定律又称相互联系原理。生态学第三定律：人们所生产的任何物质均不应对地球上自然的生物地球化学循环有任何干扰。此定律可称为勿干扰原理。按照生态学的一般理论，生态学的三定律大致可以从种群、群落、生态系统和人与环境的关系四方面体现。

1.种群的自然调节

在环境无明显变化的条件下，种群数量有保持稳定的趋势。一个种群所栖环境的空间和资源是有限的，只能承载一定数量的生物，承载量接近饱和时，如果种群数量（密度）再增加，增长率则会下降乃至出现负值，使种群数量减少；而当种群数量（密度）减少到一定限度时，增长率会再度上升，最终使种群数量达到该环境允许的稳定水平。对种群自然调节规律的研究可以指导生产实践。例如，制定合理的渔业捕捞量和林业采伐量，可保证在不伤及生物资源再生能力的前提下取得最佳产量。

2.物种间的相互依赖和相互制约

一个生物群落中的任何物种都与其他物种存在着相互依赖和相互制约的关系。常见的是：

（1）食物链。在食物链中，居于相邻环节的两物种的数量比例有保持相对稳定的趋势。如捕食者的生存依赖于被捕食者，其数量也受被捕食者的制约；而被捕食者的生存和数量也同样受捕食者的制约。两者间的数量保持相对稳定。

（2）竞争。物种间常因利用同一资源而发生竞争：如植物间争光、争空间、争水、争土壤养分；动物间争食物、争栖居地等。在长期进化中，竞争促进了物种的生态特性的分化，结果使竞争关系得到缓和，并使生物群落形成一定的结构。例如，森林中既有高大喜阳的乔木，又有矮小耐阴的灌木，各得其所；林中动物或有昼出夜出之分，或有食性差异，互不相扰。

（3）互利共生。如地衣中菌藻相依为生，大型草食动物依赖胃肠道中寄生的微

① 宋言奇．浅析“生态”内涵及主体的演变[J].自然辩证法研究，2005(06)：103-106.

② 杨持．生态学 第3版[M].北京：高等教育出版社，2014：16.

生物帮助消化，以及蚁和蚜虫的共生关系等，都表现了物种间相互依赖的关系。

以上几种关系使生物群落表现出复杂而稳定的结构，即生态平衡，平衡的破坏常可能导致某种生物资源的永久性丧失。

3. 物质的循环再生

生态系统的代谢功能就是保持生命所需的物质不断地循环再生。阳光提供的能量驱动着物质在生态系统中不停地循环流动，既包括环境中的物质循环、生物间的营养传递和生物与环境间的物质交换，也包括生命物质的合成与分解等物质形式的转换。物质循环的正常运行要求一定的生态系统结构。随着生物的进化和扩散，环境中大量无机物质被合成为生命物质，形成了广袤的森林草原及生活在其中的飞禽走兽。一般来说，发展中的生物群落的物质代谢是进多出少，而当群落成熟后代谢趋于平衡，进出大致相当。人们在改造自然的过程中须注意到物质代谢的规律。一方面，在生产中只能因势利导，合理开发生物资源，而不可只顾一时，竭泽而渔，世界上已有大面积农田因肥力减退未得到及时补偿而减产。另一方面，还应控制环境污染。大量有毒的工业废物进入环境，超越了生态系统和生物圈的降解和自净能力，造成毒物积累，损害了人类与其他生物的生活环境。

4. 生物与环境的交互作用

生物进化就是生物与环境交互作用的产物。生物在生活过程中不断地由环境输入并向其输出物质，而被生物改变的物质环境反过来又影响或选择生物，二者总是朝着相互适应的协同方向发展，即通常所说的正常的自然演替。随着活动领域的扩展，人类对环境的影响也越加明显。在改造自然的活动中，人类自觉或不自觉地做了不少违背自然规律的事，损害了自身利益。如对某些自然资源的长期滥伐、滥捕、滥采造成资源短缺和枯竭，从而不能满足人类自身需要，以及大量的工业污染直接危害人类自身健康等，这些都是人与环境交互作用的结果，是大自然受破坏后所产生的一种反作用。

（二）生态系统的基本原理

根据生态学理论，生态系统是在一定的时间和空间内，生物成分之间、生物与非生物之间，通过不断的物质循环和能量流动而相互作用、相互依存的统一整体，构成一个生态学的功能单位。任何一个成分的变化可以引起其他一系列成分发生相应的变化，这都将影响系统的稳定与生存。例如，光照增强可引起水分蒸发加快、地面水减少加速、植物很快缺水等一系列变动。各种环境因子又共同作用于生物。例如，一定的水热条件决定了不同的植物类型。一个完整生态系统的核心是其中的生物群落，如森林群落与其环境构成了森林生态系统，草原与其环境构成了草原生态系统。如果生态系统的一部分被破坏，只要其中原有的生物成分和相同的条件存在，经过一段时间，生态系统又可以重新建立起来。生态系统是自然界最复杂的一个系统，任何一个生态系统无论是大是小、是陆地还是海洋，都可以概括为两大部分的四种基本成分：两大部分是指生物和非生物部分，四种基本成分包括非生物部分的无机环境和生物部分的生产者、消费者和还原者。

在生态系统中，生产者、消费者和还原者通过物质循环和能量流动而彼此紧密地连接起来，构成一个生物功能单位。而所有这些成分，根据它们所处的地位和作用，又可划分为基本成分和非基本成分。在生态系统的成分中，起主导作用的是初级生产者。太阳辐射的能量只靠具有叶绿素的植物进行光合作用而进入生态系统，绿色植物依靠光能发挥初级生产及还原者的分解功能，这是最基本的成分，也是生态系统必不可少的成分。在生态系统中，它居于首要地位。生态系统生产力的高低，取决于总初级生产力，它是系统中一切消耗和产量的总来源。其他各级消费者都在植物产量的基础上成为次要生产者。草食者、肉食者、寄生者和腐生者等是生态系统的非基本成分，它们不会影响到生态系统的根本性。生态系统是一部有生命的机器，机器的各个构件都是生物。将二氧化碳和水作为原料，太阳光作为能源，这部机器就自动进行能量的流动和物质循环，从而制造出各种各样的产品。人和其他有机体就是依赖这样的系统得以生存、发展和演化的。其中生物种类、种群数量、种的空间配置、种的时间变化是生态系统的结构特征，这些特征与植物群落的结构特征相一致，属生态系统的形成结构。生态系统有空间的垂直变化和成层现象。生态系统中各个种的生态关系，是生态系统功能研究的基础。

生态系统的营养结构是以营养为纽带，把生物和非生物紧密地结合起来，构成以生产者、消费者、还原者为中心的三大功能类群。环境中的营养物质不断被生产者吸收，在光能的作用下转变成化学能，通过消费者的取食，使物质发生循环传递，再经过还原者分解成无机物质归还给环境，供生产者再吸收。这是一种物质循环的模式，也是生态系统的一种营养结构模式。各种类型的生态系统，它们的营养方式是不相同的，但总的来说，生态系统的物质处于不断地沿着生产者、草食动物、一级肉食动物、二级肉食动物等逐级流动。这种能量的流动是单方向逐级流动的，它不会循环，只有消耗（转变成其他形式）。物质循环和能量单向流动是生态系统的基本规律。

食物链营养级和金字塔就是生态系统营养结构的特征。所谓食物链营养级，是指初级生产者获得光能后创造出食物供给各级消费者，使能量在形成的食物链上不断地逐级向前流动，在每一级上的能量状况就是营养级。能量在营养级上的分配总是越来越少，以至构成一种金字塔形结构，每一种生态系统类型都有一定的金字塔形，以表示其营养结构的特点。按照一般生态学的基本原理，可以将其抽象地说成是物质、能量、信息在空间、时间和数量方面的最佳运用的原理。生物与环境之间的关系，就相互作用的性质而言，大致可分为以下四个类型。

1. 相互作用的协同进化关系

一方面，生物为了生存与繁衍，必须经常从环境摄取需要的物质与能量，如空气、水、光、热及营养物等；另一方面，在生物生存、繁育和活动过程中，亦不断通过释放气体、排泄废物、掉落残渣和将遗体归还给环境，使环境得到物质补充。环境影响生物，生物也影响环境。受生物影响而发生变化的环境，反过来又影响生物，使两者处于不断地相互影响和相互协调的过程。所以，就此种关系来说，生物既是环境的占有者，又是自身所在环境的一个组成部分。生物与环境之间的这种相互关系，可以称为生态学的作用与反作用规律。人类破坏了自然，将不可避免地受到自然的惩罚，就是说明这个规律的一个例证。

2. 链锁式的相互制约关系

自然界任何一种生物的存在都不是孤立的。同时存在着许多种生物，他们之间有相互依存（补充）和相互克制的复杂关系，有的是直接的食物营养关系，这是主要的，例如，植物是植食性动物的食物，而植食性动物又是肉食性动物（包括寄生的与捕食的）的食物寄主，他们一环扣一环的构成链锁，通常称为食物链，有的几个链锁相互连接，因此，任何一个链环发生变化，必然影响到相邻的链环，甚至牵动整体。

生物之间的这种食物链关系还包含一定的数量与能量的比例问题，生态学家据此提出了一个定律——金字塔定律（或锥形定律）。这一定律包含两个意思，一是从低级的植物数量逐级上升到高级的肉食动物数量，近似一个基底大、顶端小的锥形结构，说明自然养活一头草食动物需要几倍于它的植物，养活一头肉食动物又需要几倍于它的草食动物，各级生物的数量比例，决定了逐级生物可能存在的数量；二是说明各级生物能量转换的有效比例，下层生物能量转换成上层生物有效能量的比例，大致是 10 与 1 之比（因此此定律又被称为十分之一定律），如 10 份的植物能量只能有效地转换为一份食草动物的能量。所以，合理的牧场管理，必视牧草种类、牲畜品种及管理方法而不同。

3. 物质循环不息的再生关系

物质在自然界的生生不息和循环不息，是大自然不停发展的基础。植物从土壤和空气中吸取无机物，通过光合作用合成有机物，一部分供动物使用，另一些残破或衰老的部分归还给土壤。植物在正常生长和发育过程中，还不断向大气释放氧和吸收二氧化碳。动物取食植物，一部分用于建造机体和维持正常的生理功能，同时也通过排泄与呼吸，把另一些物质与能量分别输送给大气及土壤。生活在地表的微生物对动物归还的有机物进行加工分解，除一部分用于自身繁殖外，被分解后的简单化合物及元素，则分别释放回大气和再度供植物吸收利用。如此，顺序地相互转化、交换和周而复始的循环不止，使自然界成为具有一定程度的自生自灭和自给自足性能的自动调节系统。此种由植物、动物和微生物所组成的生产—加工—分解转化过程，是生态系统的基本代谢功能，也是生态学基本规律之一。正由于自然界具有这种性能，人类才有可能根据生态规律，合理利用再生资源，做到取之不尽，用之不竭。

4. 相生和相克交织而成的协调关系

地区的生物和环境经过长期的相互作用过程，在生物与生物及生物与环境成分之间建立了相对稳定的结构及相应的功能，此种稳定态即通常所说的生态平衡。生态平衡的基础除上述三种作用关系外，还包括生物与环境之间的若干疏散结合，许多种生物由于对某一两个环境条件的相近要求而生活在一起，例如，森林中不同层次的植物（上层乔木、中层乔木、下层灌木、地面草丛），以及依靠这些植物为生的植食性动物，它们虽没有直接相生相克的关系，但对于共同形成的小气候或化学环境则有相互依存的联系。若优势植物发生变化，原来形成的均势环境遭受破坏，亦必然影响与此相联系的植物和动物。自然界生物与环境之间的这种错综复杂的因果与协调关系，亦是生态平衡形成的基础。

通常所说的生态平衡是就整体而言的，其中包括三个相对平衡的作用：一是收支平衡，生态系统的物质输出与输入维持平衡；二是结构平衡，生物与生物之间、生物与环境之间，以及环境各组成部分之间，保持相对稳定的比例关系；三是功能平衡，由植物、动物、微生物所组成的生产—加工—分解转化的代谢过程使生态系统和生物圈之间的物质循环关系保持正常运行。但由于各种生物的代谢机能不同，它们适应外部变化的能力也大小不一，加之气象等自然因素所具有的季节变化的特性，生物与环境之间相互维持的平衡是不恒定的，而是经常处于一定的动态变化中，故称为动态平衡。

二、生态教育原则

（一）科学性原则

教育是一门科学，所以，教育在贯彻和实施时就一定要符合科学性原则，生态教育也不例外。生态教育的实施一定要符合学生身体和心理成长的规律，教育学家认为人的身心发展具有阶段性、互补性和差异性。生态教育的开展就要以此为依据，选择的生态教育知识要考虑学生的接受能力，不同阶段要设计不同的内容和要求。同时活动内容和要求也应符合各阶段学生的认识水平，考虑学生的需求和兴趣，不能盲目拔高，不能随意安排。

（二）主体性原则

现在都提倡以学生为主体的教育观，在生态教育中更是如此。不仅把学生一个活生生、富有生气的生命作为生态教育的主体，也把教师作为具有生命的主体。这样一来，尊重、关心、理解、信任主体生命是双向的，即学生也要以同样的态度与心情，尊重拥有主体生命的每一位教师。师生都是生命的主体或主体的生命，所以，生态教育的过程，就是生命与生命的沟通和交流过程。这样的生态教育才富有活力和动感。

（三）体验性原则

体验性原则是生态教育中必须倡导的一项独特性原则。它是指注重对学生的人文关怀，强调学生的切身体验，改变单一的接受性学习方式，把生态教育有机地融入学生的生活之中，努力使学生在探究实践中获得积极的情感体验，培养学生的创新精神和实践能力。其实在生态教育中，我们时时刻刻都在感受着生命的成长和变化，所以体验也无处不在。生态教育的开展可以通过在教育生活世界中适当创设有意义的情境，诱发学生的生命直觉，唤醒他们的生命体验，使他人、它物融入“我心”，浸染生命，感动人生。只有这样一种强烈的情感，才能使人心灵撼动，实现生态教育的初衷。

（四）生态教育的内容

不同的研究者从不同的角度阐述了不同的生态教育内容。有学者从四个维度，即人与自己、人与他人、人与环境、人与宇宙这四个方面，列举了认识自己、尊重他人、爱护自然和环境等教育内容。也有学者从生存意识教育、生存技能教育和生命价值教育三个层次概括了生态教育内容。当然，生态教育是囊括了诸多教育子系统的一种生态教育体系，所以包含的内容必然丰富多样。生态教育是人类为了实现可持续发展和创建生态文明社会的需要，而将生态学思想、理念、原理、原则与方法融入现代全民性教育的过程。

生态教育有着极为丰富的内涵，其涵盖的对象和领域从不同层面上看也多种多样。教育方式包括课堂教育、实验证明、媒介宣传、野外体验、典型示范、公众参与等；教育内容包括生态理论、生态知识、生态技术、生态文化、生态健康、生态安全、生态价值、生态哲学、生态伦理、生态工艺、生态标识、生态美学、生态文明等。生态教育的行动主体包括政府、企事业单位、学校、家庭、宣传出版部门、群众团体等。所以生态教育的研究将永无止境，其理论也必将日趋丰富和成熟。无论是发达国家还是发展中国家，不同地区结合当地特色所形成的新理论、新实践，其宗旨都是为了实现人类、社会、自然的和谐发展，构建一个可持续发展的和谐社会。

第二节　英语生态课堂的特征

一、英语生态课堂的定义

传统的英语课堂由于费时、低效而广受人们的诟病，究其原因，主要是课堂生态存在种种失衡因素。这些失衡因素主要表现在课堂生态主体与课堂生态的失衡、应试教学目标与生命全面发展的失衡、教与学的失衡和课内学习与课外运用的失衡这四个方面，因此，人们转而追求一种高效的、生态化的课堂教学。生态课堂的概念最早由美国教育学家 Waller 于 1932 年在《教学社会学》一书中提出，此后，生态课堂作为一种新的教学理念开始进入教育研究者的视野。什么是生态课堂？学界对这个问题仍是众说纷纭，没有统一的定论。例如，高峰认为，所谓的“生态课堂”就是在动态的、可持续发展的理念下，变革教师的教学行为，营造一种自然、和谐的教育环境，促进学生的健康发展；周士勤认为，生态课堂就是把学生、教师、学习内容、学习方法、学习评价和学习环境看成一个教学的生态系统，并以此来建立一种整体的、多样的、和谐的、可持续发展的课堂形式，是一种符合学生的生理特征和学习生活习性的课堂形态；杜亚丽则认为，生态课堂是借助于生态学的方法，以生态思想和生态视角考察课堂教学，从学生、教师及其课堂环境的相互关系中探索生态课堂的理论与实践。上述定义分别代表了关于生态课堂比较流行的几种观点，即环境说、形态说和综合说。大学英语生态课堂是学生生命成长的过程，在此过程中，学生通过各种课堂活动与生态课堂的其他因子相互联系、相互作用，共同成长。因此，我们将大学英语生态课堂定义为：为了学生生命的发展，依据生态学的理论和方法而开展的各种英语语言教学实践活动。

二、英语生态课堂的特征

生态课堂是一个由教师、学生、教学内容、教学环境、教学方法等因子构成的一个小生态环境。在这个小生态环境中，作为生态主体的教师发挥着主导作用，而作为生态主体的学生发挥着主体作用。生态主体之间（师生、生生）、生态主体和其他环境因子之间相互联系、相互作用，使高校英语课堂形成了一个不可分割的有机生态整体，共同完成大学英语教书育人的生态功能。大学英语生态课堂的基本特征主要表现在以下几个方面。

（一）整体性

所谓整体性，就是把高校英语课堂看作一个小生态环境，关注生态课堂的每一个因子及它们之间的相互联系和相互作用，最大限度地优化各种因子的生态位，减少限制因子的数量，降低限制因子的副作用，使高校英语课堂的生态功能得到充分发挥。根据生态学的整体观，高校英语课堂生态中的任何一个因子发生变化，都会引起连锁反应，继而打破课堂原有的生态平衡，破坏课堂的有序发展。例如，随着时代的发展，学生对语言除了有工具性方面的要求以外，还关注语言的人文性，因此，大学英语教学理应与时俱进，充分挖掘教学内容所蕴含的人文信息，满足学生人文发展的要求。如果仍然停留在语言的工具性层面，势必妨碍学生的学习积极性，削弱大学英语教学教书育人的生态功能。

（二）多样性

所谓多样性，首先是指生态课堂因子的多样性，这些因子包括教师、学生、教学内容、教学环境、教学方法等。其次是指每个因子本身特征的多样性，例如，作为课堂生态主体的学生具有不同的性别、年龄、学习动机、学习策略、学习风格和自我效能感。多样性既是大学英语生态课堂的内在规定性，同时也是各个因子自身的内在规定性。高校英语课堂教学应遵循这些因子的内在规定性，不以强制的外在力量去约束学生，从学生生命成长的实际需求出发，精心地设计教学和合理地配置资源，因材施教，从而使每个学生在生态课堂上绽放异彩。

（三）互利共生性

所谓共生性，是指大学英语生态课堂主体之间的相互联系和相互作用，共同生长。作为大学英语生态课堂主体的教师和学生，其共生性主要表现在以下几个方面：一是互利共生关系，即因子之间的相互联系和相互作用是积极的，能够促进彼此的生长，例如，师生之间教学相长的关系及生生之间的互助合作关系。二是偏利共生关系，即生态主体之间相互作用只是对其中的一方有利，而对另一方没有任何影响。传统的以教师讲授为主的课堂最容易滋生偏利共生关系。三是无关共生关系，即生态主体之间的相互作用于彼此既没有好处，也没有坏处，产生这一现象的主要原因是师生之间、生生之间缺乏物质、信息与能量的交换。互利共生关系能够有效降低生态课堂的内耗，提高教学效率，因而备受大学英语生态课堂的青睐。

互利共生是指双方的共生关系对彼此的存在和发展都有利。课堂生态系统强调生态主体之间保持互动。从微观层面看，生态主体间的互动主要是师生互动和生生互动。师生间的互动是一种互利共生的生态关系。课堂教学不仅是师生双方的生命活动，也体现了价值活动，从某种程度上说，学生成长发展的阶段体现了教师生命活动价值的实现程度。师生间的互利共生，需依据语言教学的特性，借助多媒体信息技术和形式多样的教学活动，将课堂教学由教师“一言堂”转为交际互动式课堂，学生成为生态课堂的主体因子，而教师是主导因子；[①]采用课堂学习，课外自主学习和教师监控的学习体系，学生学习由被动“填鸭式”变为自主学习。生生间的互动主要是一种竞争与共生的生态关系。多元竞争是不可避免的一种生态现象，是两种或多种物种利用同一资源而产生的相互竞争关系。大学英语生态课堂应当是以共生为基础的竞争型生态活动。生物群落中的个体或群体之间存在着相互联系、相互吸收营养的现象，所以学生主体之间可以分组开展合作学习活动，以提升学生的社会交际能力，也可以较好地解决大班授课、座位固定、个体差异等造成的消极影响。

（四）开放性

所谓开放性，是指生态课堂及其因子不是封闭的和一成不变的，而是在不断地与外界进行物质、能量与信息的交换，探索适合自身发展的生态位。首先，外语教学需要打破课堂教学时空的局限性，把课堂延伸到社会，引导学生走出教室小课堂，走进社会大课堂，强化课内学习与课外运用的关联，注重课堂教学与外界社会的互动。其次，教学目标、教学内容、教学方法等因子也要与时俱进，只有这样才能满足学生生命成长的需求。长久以来，大学英语教学一味地强调语言的工具性功能，忽视了语言的人文性功能，致使大学英语教学停滞不前。新的课程教学要求对语言的工具性和人文性并重，在强调学生语言能力发展的同时，也强调对学生人文素养的培养。可以说，生态课堂的开放性给大学英语教学注入了新的活力。生态课堂具有开放性，强调生态系统内各因子间的互动，保持着输入与输出的动态平衡。应重视课堂生态主体教师与学生之间的垂直性互动，表现在学生的反馈及教师对教学内容的适当调整上。再次，生生间的多维交叉性互动也非常重要，学生在竞争与合作的基础上完成一些课堂活动，彼此之间可以提供输入与反馈，形成活跃的课堂学习氛围。最后，良好的课堂

① 谭玮．试论构建高校英语课堂生态的原则[J].解放军外国语学院学报,2009,32（3）：57-60.

生态环境和多元共生竞争类教学策略的创设使生态主体更加享受学习的过程，在互动中打破课堂的沉闷，构建生态圈互动式英语课堂，促进学习生命体的健康成长。

（五）动态平衡性

所谓动态平衡性，是指大学英语生态课堂沿着平衡→不平衡→平衡的轨迹发展。动态平衡性是教育生态学的核心思想，也是大学英语生态课堂的核心理念。根据生态课堂的动态平衡性，大学英语生态课堂的平衡只是暂时的，随着因子之间的相互作用和此消彼长，生态课堂原有的平衡必然被打破，而一旦这种平衡被打破，就需要建立新的平衡。比如，当学生的语言输入达到一定的量以后就产生了语言输出的要求，那么，教学活动也应该顺应这一要求。换句话说，语言输入阶段的平衡被打破了，就需要在语言输出阶段建立新的平衡。这一过程实际上是一个由量变到质变的过程，也正是在这一过程中，学生的语言能力和人文素养得到提高，学生的生命得到发展。这种平衡→不平衡→平衡的发展过程也就是学生生命发展过程的真实写照。

第三节　英语生态教学现状

一、高校英语生态教学概述

（一）高校英语生态教学的内涵

滕守尧给出了生态教学的内涵：“生态教学就是运用生态学理论研究教学问题。强调以一种生态的眼光、态度、原理和方法来关照、思考、理解、解释复杂的教学问题，并以生态的方式来开展教学实践。可以说，生态教学既是一种教学理念，也是一种教学实施策略，它是一种系统观、整体观、联系观、和谐观、均衡观下的教学，是一种充分体现和不断运用生态智慧的教学。”高校英语生态教学是在高校英语课堂中用一种和谐平衡的生态思想，指导教学目标的设置、教学内容的选择、教学方式的选择、教学评价的开展等。生态教学不仅要向学生传授知识，还要尊重学生的个性特征，努力把学生培养成身心健康的生态人。

（二）高校英语生态教学的目标

生态教育思想认为教育的任务是提升学生个体的幸福感及完善本土文化和生态，而非单方面地提高学生的经济竞争力和职业竞争力。高校英语生态教学的目标有两个：一是使学生通过高校英语课程的学习，掌握英语的听、说、读、写、译等五项技能；二是使学生通过积极地参与课堂活动，深化自己各方面的认识，进而形成正确的世界观、人生观和价值观。

（三）高校英语生态教学的原则

1. 启发性原则

教育家卢梭说过："问题不在于告诉他一个真理，而在于教他怎样去发现真理。"大学英语教学过程中应多考虑学生的身心特点，增强知识的吸引力，多给学生设置一些问题型的知识、价值判断型的知识，给学生更大的思考空间。例如，在英语课文的导入部分，老师就可以设置一些让学生思考的问题。

2. 生活性原则

怀特海曾说过："教育只有一种教材，那就是生活的一切方面。"教育的目的不仅是为了促进学生的发展，还是为了学生能更好地适应生活。高校英语教学过程要紧密联系生活实际。例如，英语教师讲单词时不要经常直接使用教师参考书上的例子，其实可以举一些生活中的例子，最好是与热点新闻相联系的。

3. 发展性原则

生态教学最根本的就是要尊重教学中的生命，促进生命的健康发展。在高校英语生态教学中，学生要既能获得英语知识，又能得到世界观、人生观、价值观的培养，获得可持续发展的能力。例如，英语教师在讲到 Honesty 这个单词时，可以举华盛顿砍樱桃树的故事。引入这些故事，使学生领会到诚实、宽恕等美德的魅力，进而完善自己的价值观。

（四）高校英语生态教学的要素

1. 高校英语生态教学中教师的角色

首先，英语教师是研究者。随着互联网的普及，学生获取知识的渠道增多，这就要求高校英语教师从教学者转变为研究者。在高校英语生态教学中，英语教师要研究教学内容是否合理、教学方法是否恰当。教师还要注意学生参与教学活动的程度如何、学生的学习效果如何等问题。英语教师要进行科研活动，并把研究的成果运用到高校英语课堂的教学实践中。其次，英语教师是引导者。这就要求英语教师教学方式要灵活，要引导学生自主地学习。在引导过程中，教师要善于发现学生的亮点，多鼓励学生。允许学生有不成熟的想法，不能打击学生的积极性。但是，当学生离题太远时，教师也要及时予以调整。再次，英语教师是倾听者。生态教学把教学视为教师与学生、学生与学生之间交往和互动的过程。在这个过程中，师生双方要以真诚的和开放的心态彼此相待。在高校英语生态教学中，教师要多设置一些贴近学生生活的教学场景，调动学生的学习积极性，把话语权交给学生，要多听一听学生的见解。最后，英语教师是启迪者。生态教学认为教师传授知识的目的不仅是让学生接受知识，而是让学生在接受知识的同时，了解知识的形成过程，以及怎样掌握知识和利用知识。在高校英语生态教学中，教师要启迪学生，让他们学会提出问题、分析问题、解决问题，教师要鼓励学生敢于创新。

2. 高校英语课堂生态教学的学生角色

首先，学生是主动学习者。在生态教学中，学生要完成三个转变，即让学生由被动学习向主动学习转变、由苦学向乐学转变、由维持性学习向自主创新学习转变。在传统的英语课堂中，学生注重的是知识的记忆。在生态化的课堂上，学生的学习方式发生了转变，由过去的单向接受转变为多向交流，以及探索式的学习方式。其次，学生是自我调控者。在生态化的教学过程中，学生是学习过程的自我调节者。教师采取任务型的教学方式，给学生设计好学习内容和目标。而每个学生根据自己的特长和习惯，主动提出问题、分析问题、解决问题，进行自主学习。在学习过程中，学生要自己调整学习方法和策略，以达到教师预定的学习目标。

二、高校英语教学中存在的生态失衡现象

从教育生态学视角审视大学英语课程，也就是根据教育生态学原理考察教学系统内部诸要素与周围环境的相互关系、相互作用，研究各种教学现象（如失调现象）及其成因，探讨英语教学生态的特征和功能及其演化和发展的基本规律。

（一）结构上的失衡

凡是系统皆有结构，世界上没有无结构的系统，也没有无系统的结构。结构合理就会组成稳定的系统，结构不合理就会组成不稳定的系统，结构从总体上反映着元素之间的有序性和组织性，它是系统协调或失调的内在根据，是系统能否实现其功能的根本前提。高校英语课堂生态在 2004 年改革之前基本处于平衡状态，系统内各生态因子（教学要素）经过长期教学实践的磨合，已经处于比较好的兼容状态，系统相对比较稳定，但同时也开始显露出一种惰性，课堂生产力开始降衰。随着我国整体教育环境的改变，课堂生态的环境因子发生剧烈改变，各生态因子之间的结构关系也随之发生变化。具体地说，这些变化主要体现在构成比重、交互关系和营养结构三个方面。

1. 系统组分构成比重的失调

课堂生态主体的概念比较容易把握，是指系统中的生物成分——教师和学生，但

是课堂生态环境的概念比较复杂，对一个特定学习者来说，课堂生态系统中的主体有时也会演化为对其产生重要影响的环境。总体来说，教育生态学倾向于从结构维度、关系维度和文化维度来理解课堂生态环境，主要包括课前生成的环境，如教室的自然物理环境、教师的教学水平、学生的基础、师生信息素养、教材和网络多媒体环境等；课中生成的环境，如师生关系、生生关系、师生对课堂环境的情感态度等；课后生成的环境，如班级学习风气、课堂教学规章制度等。下面从量变的视角审视课堂生态系统中各个组分所占比重的变化情况，这里的量变主要是指在程度上的逐渐变化，是相对于根本性的质变来说的。

课堂生态作为一个系统，内部的因子是互相作用、互相制约的，而不断变化的学习诉求必然会给其他生态因子带来新的要求。换句话说，如果其他生态因子拒绝同步协变，那么，高校英语课堂生态系统的各个组分在构成比重上就会出现失调。形象地说，传统的高校英语课堂教学如一个处于平衡态的天平，如其中某一因素突然加大砝码，天平必然会失去平衡。若想使天平继续维持在平衡态，就必须让天平的另一个托盘里装载的元素在比重上发生相应变化。课堂生态系统也一样，它的结构不应该是静止的，系统的演化需要结构进行适当调整，这种调整首先反应在各个组分的连锁量变上。课堂生态系统中的环境因子已经发生了显著变化，为了保证系统的稳定，其他课堂生态因子必须做出相应反应，但遗憾的是，在这个过程中，很多教师没有及时转变教学观念，提高信息素养，也没有在课堂教学中调整课堂角色和制定相应的课堂管理规章制度等，学生也没能及时改变传统的学习方式，接受新的教学理念，适应新的学习环境等。由于这些课堂生态因了没有同步出现相应变化，课堂出现了教师教学理念更新缓慢、教学方法转变缓慢，学生学习习惯变化缓慢、学习自主性不高，课堂气氛依然沉闷、课堂教学依然以教师为中心等情况的不协调。这些不协调的状况严重阻碍了英语教学发挥自身应有的功能。

2.系统组分之间交互关系的失谐

在高校英语课堂生态中，生态主体呈网状交互，包括教师生态群体与学生生态群体、教师生态个体与学生生态群体、教师生态个体之间、学生生态个体之间、学生生态个体与教师生态群体之间的交互关系，其中师生群体之间的交互关系最为重要。在生态课堂中，和谐的师生交互关系主要体现为目标与理念的一致、交流和交互的通畅、关系和谐和师生共生。反映在教学中，教师采用新的建构式教学理念，强调以学生为中心，注重学生的课堂参与，着重培养学生的自主学习能力，但对这些教学模式和教学方法上的改变，部分学生并不理解和接受，他们认为教师的课堂讲解是最快、最有效的传授知识的方式，组织他们进行课堂讨论和让他们自主学习都是浪费时间的做法。鲍静对交互式课堂教学的调查分析发现，只有 15% ～ 30% 的学生喜欢像小组讨论等形式的教学活动，50% ～ 70% 的学生更喜欢教师面对全班学生的教学活动。而教师中“经常组织”此类活动的占 28.5%，“有时组织”的占 57%。此项结果说明，师生都没有充分利用多种课堂交互活动以实现学生语言知识的综合建构。这也正反映出第二个失谐现象，即师生交互不足。师生之间存在目标上的差异、理念上的不同、交互上的不足、交流上的不畅、师生比例上的失调、师生地位的落差等情况，影响了师生之间的和谐度。下面着重谈谈师生比例问题。大学英语属于基础课，教师的主要任务是教学，因此，绝大部分教师的课程安排较为紧密，这也就意味着每个教师要同时面对几个班级，要认识和了解的学生数以百计，不利于发展更加亲密和谐的师生关系。在师生地位方面，课堂生态主体明显存在地位不平衡现象。一个原因是传统型教学的课堂依然存在，课堂主体单一，教师主宰课堂，学生处于被动服从的地位；另一个原因是中国传统教育的长期影响，导致学生习惯于沉默、习惯于听课、习惯于静静地思考，所以老师即使布置了一些课堂互动活动，也常常为如何调动学生的积极性而伤透脑筋。这种权威与服从的关系很难演变为一种更加平衡、和谐的师生关系。在这样的失谐环境中，教师和学生也较难实现共同成长。我们常说，学生是教师培养出来的，同时教师也是学生培养出来的，此所谓“教学相长”。在生态课堂中，教师的教学工作服务于学生的成长，同时，教师在教学过程中也获取养料，拓展自身职业发展的空间。教师得到更好的发展后，又能为学生提供更好的教学服务，这种良性循环就构成了良好的课堂生态。教师与教师之间、学生与学生之间也存在一定的失谐，这主要是由于不同教师个体和不同学生个体对大学英语学习持有不同的看法和解读，反映出不同的态度和不同的教与学行为，形成了积极支持并投入教学改革的一端和消极抵抗变革并且投入不足的一端，两端人员互相影响和牵制，阻碍了英语课堂生态的演化。

3. 系统内部营养结构的失衡

从营养结构的视角看，在传统的课堂生态中，教师是课堂生态系统里的生产者，其主要职责是将来自外部世界的能量和信息进行转换、消化和吸收，并结合自身的经历和智力生产并创造知识，再把这些知识传授给学生。学生是课堂生态系统中的消费者和分解者，他们消化知识、吸收知识并将知识转化为新的智能服务于社会。在能量和信息的流通过程中，课堂生态环境一直发挥着重要作用。随着现代信息技术在英语教学中的广泛应用，教师和教材并不是学生获取知识的唯一渠道，在现代课堂生态中，计算机网络、多媒体等技术环境不但构建了一条信息快速运输通道，而且本身还自带了大量的信息，成为学生学习的又一个重要知识来源。由于现代课堂重视生态系统中的多元交互，在教师与学生、教师与教师、学生与学生的交互中，教师也可能成为知识的消费者，学生也可以成为知识的生产者。从这个意义上讲，现代生态课堂中的师生都身兼三职：生产者、消费者和分解者。在大学英语教学信息化进程中，系统内部营养结构的失衡首先表现为部分师生的生态角色异位，具体地说，就是有些教师作为课堂主讲者的传统生态角色没有弱化，作为消费者和分解者的生态角色没有得到加强，教师的自身成长长期被忽视。对学生来说，他们作为知识生产者的生态角色没有得到加强，换句话说，他们的自主学习能力、自我建构能力和持续发展能力没有得到很好的发展，而这恰恰是现代生态课堂建设所应重点关注的。高校英语课堂生态主体还需进一步更新观念、转变角色，以适应新的课堂生态环境的要求。

（二）功能上的失调

凡是系统皆有功能，系统就是由一些元素通过相互作用、相互关联、相互制约而组成的具有一定功能的整体。本书结合课堂生态的性能和生态课堂的特征，从系统对内部结构、内部关系、系统整体及外部环境（社会）所产生的作用方面，归纳出四大功能，即结构优化功能、关系协调功能、演化促进功能和生态育人功能。

1. 结构优化功能减弱

系统不同于集合，集合只是一些分散的人或物聚集到一起，系统却是一些元素聚合到一起之后，各个元素之间产生相互作用、相互关联、相互制约的关系。正是这些元素间的相互作用力，牵引着各个元素不断进行自我调适，最终使各个元素达到一定的质和量，与其他系统组分和谐共处，使整个系统进入一种相对稳定、相对平衡的状态。在自然界中，各种生态系统都具有这种自组织能力，最终牵引着系统达到自然平衡的状态，但整个过程会非常缓慢。在社会生态系统中，生态主体具有很强的能动性，一般会使系统较快地调整到平衡态，反之，就证明系统的结构优化功能明显减弱。

2. 关系协调功能减弱

高校英语课堂生态系统的关系协调功能减弱，可以在课堂生态内部出现的各组失谐关系或各组矛盾中得到印证。有不少教师、学生和管理工作者坚持原有的教学观、学习观和价值观，不愿接受新的教学理念，如任务型教学、交互式教学、研究性学习等，导致各种矛盾的出现，包括教师对学生、学生对教师、教师对课堂环境、学生对课堂环境等的不满。具体包括如下几点。首先，有些学校就曾出现学生对教师进行评价，结果分数很低的局面，分析原因发现，学生对教师的很多做法不予认同，对改革初期的混乱难以容忍。其次，改革的大力度与现实能力之间的失谐。由于大学英语教学改革的力度很大，面积也较广，对课堂生态主体提出了很高的综合素养要求，而现实中的部分教师和学生因为各种原因，出现了很多理想与现实的矛盾，如学生的自主性与要求有很大差距，教师的积极性与要求有很大差距，网络教学系统的设计与理想状态存在差距，教材的编写方式、内容选择及呈现方式与理想存在差距，教学管理的繁琐与原先的期待出现落差等。最后，输入与输出的失谐。对于教学系统来说，因为购置设备、软件花费的人力、物力和财力似乎与改革的成效不成正比。对于学生来说，通过各种途径开展的英语语言输入和学生实际能力的提高不成正比，过程中间存在大量的能量损耗，如学习各种教学系统和教学规章的时间投入等。

3. 演化促进功能减弱

系统的结构优化功能、关系协调功能和演化促进功能是相辅相成的，只有结构上得到优化，各种关系才会协调，系统才能完成逐渐演化。从这个角度讲，结构优化和关系协调是系统演化的前提。从营养结构来说，系统的优化依赖于系统的三大营养功能：物质循环、能量流动和信息交换。课堂生态系统作为一个微观生态系统，也同样具有以上三大营养功能。系统内交换的信息就是知识，系统内流动的能量就是师生通过教学活动所输入的能量，系统内循环的物质可以理解为信息交换过程中带来的智能流及外部环境输入系统的物质，如教学装备等。在现代科技的强力介入以后，高校英语课堂生态系统被迅速带离到一个远离平衡区，如果系统通过自身的作用在这个区域重新建立平衡，就形成了耗散结构，系统也完成了一次演化。然而，经过多年的运行，高校英语课堂生态系统依然存在结构上和关系上的失谐，系统不具备达成平衡的前提条件，难以完成系统的演化。从系统的营养功能分析，系统内各种关系的失谐影响了师生之间的交互，交互的减少导致输入系统的能量减少，系统内部难以产生足够的驱动力来带动由外部环境输入的大量物质流在系统内同步流转，所以系统依然处于非平衡态。要想加快系统的演化，就必须解决好系统的动力问题。

4. 生态育人功能减弱

作为一个生态系统，其最根本的功能应该是提升系统的生产力。对于课堂教学生态来说，其根本功能就是培育人才；对于高校英语课堂生态来说，其根本功能就是培育英语人才，包括英语师资的自身发展。这里的生态育人包含三层意思，一是生态主体的共同成长，二是师生的可持续发展，三是育人方式的生态性和科学性。基于信息化的高校英语教学改革，旨在建立一个信息化的生态英语课堂，最终培养出具有较强实际语言应用能力尤其是听说能力的英语人才，解决过去社会对高校英语只能培养

“哑巴英语”“高分低能”人才的诟病。高校英语教学改革在解决“哑巴英语”方面确实起到了很大的作用，但是课堂生态的育人功能还没有得到充分的发挥，证明系统还未演化到新的平衡状态。

课堂生态系统是一个复杂的社会生态系统，难以用系统科学的计算方法验证其是否失衡，只能在观察的基础上提出理论假设，再在进一步的课堂观察和文献研究中予以验证。除此之外，本章所描述的失衡现象并非集中出现在某一个英语课堂，而是某一种现象在某个时间出现在某个高校英语课堂生态之中。失衡确实存在，即便是疑似失衡，根据墨菲定律，也需要引起我们的关注。

第四章　英语生态课堂研究

教育理念的革新与发展促进了生态学的发展，并使之逐渐成为一个相对完整的理论系统，为不同领域问题的解决提供了全新的视角。生态课堂把课堂看作一个微型的生态系统，用全面、和谐、综合发展等生态理念来处理教师、学生和课堂环境等课堂要素，建立一个整体、平衡、联系的课堂，以实现整个课堂的可持续发展。英语生态课堂并不是对传统英语课堂的颠覆，而是利用生态原则和生态标准从一个新视角来重新思考英语课堂，发扬其长处，剔除其不足，以实现对英语课堂的不断完善。本章将对生态教学的本位性及英语生态化教学的品性等问题进行解读，对高校英语课堂的生态属性予以考察。

第一节　英语生态课堂的本质

一、生态教学的本位性解读

开展高校英语生态课程的主要目的在于培养学生的学习自信心，在实际的学习过程当中激发学生的学习兴趣。生态课程的本质就是为学生构建一个交流和沟通的平台，促进学生英语能力的提升。生态环境的教学引导，让学生实现自己解决问题和寻找答案的目的。在实际的学习和交流过程中提升大学生综合能力，满足社会对人才的需求。构建高校英语的生态课程环境本质就是为了让学生在实际的学习过程中不断地成长并成熟，通过实际的学习和交流建立一种良好的能量转换和循环过程，满足学生个体成长和集体转变的需求。也正因为此，高校英语生态课程成为一种不断发展的教育模式。

教育要以人为本，高校英语生态课堂同样关注人的生命的发展。人的生命发展是多方面的，首先是学生的个体发展。学生个体的发展主要表现为个体身心的和谐发展，保持探究的好奇心、求知的欲望，增强在不同的环境中发现问题、解决问题的能力和与他人合作、交流的能力，增强对国家、社会、民族的责任感。学生个体的发展还包括批判性思维能力和创新能力的发展。但是，学生个体的发展不应以牺牲其他个体的发展作为条件，因为教育要面向全体学生，要兼顾不同层次的学生生存能力的发展。因此，学生个体的发展是全体学生发展的前提，而全体学生的发展和可持续发展则是教育始终追求的目标，这一目标充满了教育对学生生命成长的关怀。因此，高校英语生态课堂的本质就是学生生命的成长过程，学生通过生态课堂吸取自身生命成长所需要的营养，同时又以物质、能量与信息交换的方式反哺生态课堂，为他人生命的成长创造条件。高校英语生态课堂这种物质、能量与信息交换的良性循环，为学生生命的成长和可持续发展提供了良好的生态环境。因此，学生个体的发展、全体学生的发展和可持续发展是高校英语生态课堂关注的永恒主题。

二、高校英语课堂的生态系统属性

生态系统是由生物和非生物环境构成的统一整体。任何一个生态系统都具有三个特征：第一，它是一个系统，结构上由群落和环境构成，功能上相互作用；第二，具有能量流动、物质循环和信息传递三大功能；第三，具有一定的自调节、自组织能力。高校英语课堂生态和一般课堂生态一样，具有这些基本特征。陈坚林认为，英语教学是一个系统，因为英语教学是一个由许多相互联系和相互作用的部分 (要素) 按照一定层次和结构所组成，并具有特定功能的有机整体。英语教学系统本身是一个完整的大系统，含有英语课程的方方面面。英语课堂是一个微观生态系统，具有生态系统的结构和功能特征。

英语课堂具有所有课堂的一般特征，它是一个由教师、学生、教学环境等要素构成的整体，整体内部各组分都有自己的功能，各组分之间、各组分与整体之间相互作用、相互依赖，构成一个功能更为强大的整体，这个整体就是一个典型的系统，具备系统的基本属性。

英语课堂具有生态系统的能量流动特征。自然生态系统内有生物群落和无机环境，课堂生态中有教师和学生 (生物成分) 和课堂教学环境 (非生物环境)，这些组分之间有能量的流动。有所不同的是，课堂生态属于社会系统而不是完全的自然生态系统，因此能量的流动并不是始于绿色植物的光合作用和化能细菌的合成作用。社会系统是靠人的大脑生产和输出的智能信息流来维持和推动的，课堂生态系统里的教师和学生是系统能量的来源，能量通过教与学的活动产生并实现流动，在这个意义上，教师和学生都是这个生态系统中的生产者。当教师或学生从课堂系统或其他组分中吸收能量实现自我发展时，他们又相当于异养生物，是作为消费者而存在的。当教师或学生把吸收的能量经过自身的内在作用输出时，他们又是相当于异养生物的分解者。所以，在课堂生态中，教师和学生兼具生态系统中生产者、消费者和分解者三种身份特征。

英语课堂生态在长时间无外部力量介入时，各生态因子之间的相互关系会逐渐趋于稳定和相对固定，进入相对的平衡态。换句话说，英语课堂生态具有一定的自组织能力，能够实现自然平衡。

第二节　英语课堂的生态性论证

从生态学和系统科学的角度研究高校英语课堂生态，属于跨学科研究。要实现跨学科研究，根本的办法就是进行类比论证，类比论证是一种通过将已知事物（或事例）与跟它有某些相同特点的事物（或事例）进行比较类推从而证明论点的论证方法。其中，具有相同特点是这种论证方法能够成立的前提，没有它，就无法进行类推。对于本书来说，只有首先证明高校英语课堂具有生态性，是一种生态系统，然后才能根据这个“相同特点”，在研究高校英语课堂时适用生态学和系统科学的相关理论。如果视“高校英语课堂具有生态性，可以看作一种生态系统加以研究”为一种类比假设，则该假设可以得到以下三点支撑：生态学的包容性和系统科学的横断性支持从生态的视角将课堂视为系统予以研究；前人已经从生态的视角对课堂教学做了大量研究，并取得了比较丰硕的成果；高校英语课堂具有生态系统的基本结构和功能。

一、生态学的包容性和系统科学的横断性

生态学具有很大的包容性，有很多可以移植的概念、理论和方法，对解决各门学科所面临的问题均有帮助。现代生态学已经突破了原有经典或传统生态学的自然科学界限，发展成为一个研究内容广泛、分支学科众多、横跨自然科学和社会科学、综合性很强的学科，具有明显的方法论特征。生态学和教育学的相互渗透和融合形成了教育生态学，其主要内容就是运用生态学的理论和方法研究教育问题。课堂教学作为教学活动中的重要一环，自然进入了教育生态学的研究范畴。事实上，教育生态可以分为宏观生态系统和微观生态系统，而课堂教学生态就属于微观教学生态系统。系统科学属于横断科学，是在概括和综合多门学科的基础上形成的一类学科，其覆盖面广，

对许多具体学科都能起到方法论的作用。系统科学不是以客观世界的某种物质结构及其运动形式为研究对象，而是从许多物质结构及其运动形式中抽出某一特定的共同方面作为研究对象，其研究对象横贯多个领域甚至一切领域，小至一个原子、分子，大到国家、地球乃至整个太阳系，都可以分别作为系统来研究处理。在这个意义上，课堂完全可以成为系统科学的研究对象。事实上，课堂就是通过师生与环境的互动而构成的基本系统，具有系统的结构和功能。

二、高校英语课堂的生态系统属性

生态系统是由生物和非生物环境构成的统一整体。任何一个生态系统都具有三个特征：①它是一个系统，结构上由群落和环境构成，功能上相互作用；②具有能量流动、物质循环和信息传递三大功能；③具有一定的自调节、自组织能力。高校英语课堂生态和一般课堂生态一样，具有这些基本特征。陈坚林认为，英语教学是一个系统，因为英语教学是一个由许多相互联系和相互作用的部分（要素）按照一定层次和结构所组成，并具有特定功能的有机整体。英语教学系统本身是一个完整的大系统，含有英语课程的方方面面。英语课堂是一个微观生态系统，具有生态系统的结构和功能特征。

1. 英语课堂具有所有课堂的一般特征，它是一个由教师、学生、教学环境等要素构成的整体，整体内部各组分都有自己的功能，各组分之间、各组分与整体之间相互作用、相互依赖，构成一个功能更为强大的整体，这个整体就是一个典型的系统，具备系统的基本属性。

2. 英语课堂具有生态系统的能量流动特征。自然生态系统内有生物群落和无机环境，课堂生态中有教师和学生（生物成分）和课堂教学环境（非生物环境），这些组分之间有能量的流动。有所不同的是，课堂生态属于社会系统而不是完全的自然生态系统，因此能量的流动并不是始于绿色植物的光合作用和化能细菌的合成作用。社会系统是靠人的大脑生产和输出的智能信息流来维持和推动的，课堂生态系统里的教师和学生是系统能量的来源，能量通过教与学的活动产生并实现流动，在这个意义上，教师和学生都是这个生态系统中的生产者。当教师或学生从课堂系统或其他组分中吸收能量实现自我发展时，他们又相当于异养生物，是作为消费者而存在的。当教师或学生把吸收的能量经过自身的内在作用输出时，他们又是相当于异养生物的分解者。所以，在高校英语课堂生态中，教师和学生兼具生态系统中生产者、消费者和分解者3种身份特征。

第三节 平衡观支撑下的英语课堂生态

生态系统是指在一定空间内生物与环境构成的自然、开放的生态学基本单位，在这个单位中各种生命现象之间在生存过程中相互竞争、相互作用、相互依存，形成健康有序的状态。生态系统的基本特征是结构的多样性、系统的复杂性、能量的流动性、物质的循环性、系统的动态性和自我调节性。生态平衡概念是生态系统的下位概念，是生态系统进化链上的关键环节。生态学的平衡指在特定条件下生态系统内生产者、消费者和分解者之间及其与环境之间相互依赖、相互制约、相互调节、相互适应的稳定状态。换言之，形成和维持顶级的稳定状态的生态系统的生态平衡是一种相对的动态平衡，是在生态系统的演替发展中，依靠其内部各组成之间以及系统与外部环境之间的相互联系和相互作用，通过不断调节系统内部的结构和功能而得以实现的。因此，所谓生态平衡，是指一个生态系统在特定条件下通过内部和外部的物质能量、信息的传递和交换，使系统内部生物之间、生物与环境之间达到互相适应、协调和统一的状态。这种状态具有一定的自控制、自调节和自发展的能力，同时具有整体性、开放性、联系性、多样性和演替性等特征。

在自然界，只要在一定空间存在生物和非生物两种成分，并能相互作用达到某种功能上的稳定性，哪怕是短暂的，这个整体都可以视为一个生态系统。可见，在我们居住的这个地球上有大大小小诸多生态系统时刻发生能量流动、物质循环和信息传递，而系统处于相对稳定的动态平衡之中。同理可证，课堂生态系统是课堂主体之间、课堂主体与课堂环境之间在特定的空间内通过物质运动、能量流动和信息传递，相互作用、相互依存而构成的一个具有生态学意义的功能单位。课堂生态结构包含很多成分或因素，它们之间相互关联、相互制约，形成一个庞大的、网状的立体系统。课堂生态平衡就是课堂生态系统结构各要素在运行过程中自我调节、保持相对稳定的平衡状态。从宏观层面看，课堂生态平衡观研究的是外语教育生态系统内部物质流、能量流和信息流运行和自我调节的状况；从微观层面看，课堂生态平衡观关注的是课堂教学过程不同要素之间如何达到对称、平衡与稳定的状态。本书试图理顺输入与输出、“活”与“动”、学得与习得、内容与形式、预设与生成诸要素之间的关系，从而构建平衡、融洽、统一、和谐的课堂生态。

一、输入与输出的平衡

克拉申（Krashen）的语言输入假说（input hypothesis）认为，语言学习是通过理解信息，即通过接收可理解输入（comprehensible input）获得的。在输入假设中，可理解输入是指稍微高出学生现有水平（i+1）的大量反复出现的输入内容。如果将学生现有的水平定为“i”，教学中所提供的语言输入就是i+1，其中“1”是不定数，指稍多于学生可以接受的数量。克氏认为，输入材料的深浅与难易以学生能够理解为度，能理解的东西就能习得。但斯威（Swain）却发现，在加拿大母语为英语的学生的数学等理科课程全部都是用法语授课，法语教学采用的是沉浸式教学（immersion program），这些学生有足够的可理解输入，可是他们的法语水平却不够理想，口语与写作水平仍达不到课程目标，即达不到输入假说的理想结果。在这种情况下，斯威提出了可理解输出假说（comprehensible output），其观点是：光靠可理解输入还不能使二语学习者准确而流利地使用语言，成功的二语学习者既需要接触大量可理解输入，也需要大量可理解输出，语言输出有助于学习者准确流利地表达语言。

神经语言学研究成果进一步支持输出假说理论并证明语言输出具有注意、假设检验和元语言三种功能。注意功能是指输出能引起学习者对语言问题的注意，使学习者意识到自己语言体系中的部分语言问题，进而触发对现有语言知识的更正、巩固和获得新的语言知识的过程。如学习者在出现语误后会有意注意相关问题，这无形中会提高语言产出的准确性。假设检验功能是指学习者对目的语不断做出假设并对假设进行检验和修正的过程。元语言功能是指学习者具有的关于语言知识的总和，即他们通过反思和分析语言所得到的关于语言形式、结构及语言系统方面的知识。元语言功能表明，输出能够使学习者控制和内化语言知识。

在语言学习中，输入与输出是互补互动、相互关联、缺一不可的。从整体上看，输入是第一性的，输出是第二性的。从相关性看，输入是输出的基础和必要条件，输出是充分必要条件。没有输入就没有加工和内化的信息，输出就会处于“无米之炊”的境地；没有输出，输入的信息就难以内化，输入就会停滞。输出能够强化语言输入的可理解性。当学习者在输出（言语交际）中出现困难（注意功能）时，为了克服交际障碍，学习者就会对所表达的意义进行协商（假设检验），对语言结构和表达方式做出相应的调整，使语言输入变得更加可理解。在交际和交流中，输入和输出会互相转化。譬如，口语交际双方，一方的可理解输出就意味着另一方的可理解输入；阅读中在读者与作者之间，读者进行可理解输入的过程就是解读文本意义的过程，即读者与作者的交流。这种转化实际上增大了输入量和输出量，输入使学习者增加信息量，输出使学习者增强语言知识的敏感性。

在课堂教学中，外语教师帮助学生达到输入和输出的平衡。譬如，学生在用英语表达时往往会发现自己语言能力与思维之间存在差距，会产生用适切的词语表达思想的求知欲。在这种情况下，教师就可以在语言输入（i+1）中引入新词语和新知识，诱发学生对“1”部分的注意和兴趣，促进可理解输入和可理解输出。在输入和输出之间还需经历内化知识的重要环节。内化知识相当于消化系统对食物的消化，在认知心理学上就是加工信息的过程。内化活动需要教师的设计和学生的参与配合。

不妨以语法听写（dictogloss）活动为例，讨论输入—内化—输出的过程。语法听写是以篇章为基础、以学生需要为出发点、以任务式活动为驱动、以学生为中心的一种教学模式。该模式分准备—听写—重构—分析纠正四个步骤。

准备阶段由教师讲解语法听写的方法，解释听写短文中的生词，激活学生心理图式，然后进行分组与分工。听写阶段是根据意群以正常语速朗读短文三遍，要求学生记录关键信息。重构阶段中各小组通过目的语交流协商、共享笔记，然后把记录的关键信息还原为句法准确、句际衔接、语篇连贯、语义接近原文的短文。分析纠正阶段则根据学生提交的短文，组织学生进行修改与评价。

从语言教学角度分析，语法听写活动体现了以学生为主体原则（教师的教学过程即学生的学习过程）、形式与意义并重原则（听写阶段侧重注意语言的意义，重构与分析纠正阶段注重句型选择、词的选用、句法准确、句际衔接和语篇连贯），以及小组合作互动原则（活动过程体现行动上的合作、知识资源的共享和思想方法的合作）。从认知过程分析，第一、第二阶段以输入信息和内化加工为主，第三、第四阶段以加工和输出信息为主。教师选择短文的依据是学习者的水平，短文难度应稍高于学习者现有的语言水平，这与克拉申可理解输入的“i+1”公式是合拍的。从二语习得假设角度分析，语法听写活动使学生有机会接触大量的语言项目及语言形式，尤其是接触含有新的语言项目但又不难理解的语言输入。听写阶段学生凭自己注意到的熟悉的词解码输入信息；编码阶段（即内化和重构阶段）学生必须利用自己记下的词汇并运用语法结构重构短文，有利于学生对所听材料进行假设，对可理解性语言输入进行诊断与测试，为输出新语言项目创设准备机会；分析纠正阶段学生把自己重构的篇章与小组其他同学重构的篇章以及教师所提供的原文进行对比，获取反馈信息，唤起对语言的注意，并及时调整自己的假设，顺利输出语言信息，提高语言能力。活动过程中内化加工的介入使输入和输出达到了平衡。

二、学得与习得的融合

英语教学与二语教学存在很大的差异。就教学目的而言，英语教学旨在帮助学生掌握一种求取人生发展的语言工具；二语教学主要是帮助学生掌握一种在二语社会环境生存下去的语言工具，学生不掌握这个工具则难以在所处的社会里立足。从语言环境看，英语教学主要依靠课堂教学，缺乏目的语交际的环境和机会；二语教学除了课堂教学外，还有第一语言的环境。从学习动力分析，外语学习主要是工具性动力，学习是为了升学、就业等目的；二语学习者主要是为生存而学习，有较强的融入性动机。从学习过程看，尤其是在入门阶段，外语学得的重要性比习得更为突出，因为外语学习的时间十分有限，而习得是一种自然学习，需要耗费更长的时间，过分依赖习得可能不太现实；二语学习中习得的机会较多，对学得依赖相对少一些。在教学内容方面，外语教学由于缺乏目的语的环境，教学内容更注重选择规范性的语言和具有生成力的语言材料；二语教学在目的语环境中进行，教学内容更容易选择贴近学生日常生活的素材，以帮助学生解决日常生活中的困难。从教学程序看，外语教学更讲究由简而繁、由易到难、由理解到表达的教学原则和逻辑顺序；二语教学则可打破这些顺序。

中国的英语教学是外语教学，外语教学应区分学得和习得。习得是非正式的、自由的、课外的、无意识的活动，习得的东西能自然地存储在大脑中，在一定语境下会被激活。在汉语语境下教学性习得和学习性习得都是可能的，如教师在课堂上组织师生、生生之间的互动，在课外为学生准备各种学习材料，动员学生参与各种课外活动等，学生也可以自己有意识地通过各种途径在课外提高英语水平。学得是正式的、集体的、课堂教育的、有意识的活动，有意识学得如加强记忆和诵读是必要的。如果说，学前阶段或小学阶段的外语教学通过强调“听、说、唱、游、做”来习得听说技能是可以接受的话，那么，在大学光靠习得学习英语是很困难的，一是没有英语环境；二是时间受限，因为每周只有 4 ～ 6 个英语学时；三是从青少年的智力发展来看教学中不充分利用他们的生活经验和逻辑思维能力、过度追求习得是教育智力资源的浪费。在一般情况下，中学英语起始阶段应做到学得和习得并重，随着学习者外语水平的提高、学习目的性和自觉性的提高，学得和习得的地位会逐渐发生变化，学得可以向习得转化。从教育效益和教学效果来说，学得与习得相互融合、共存互补，是最佳的选择。以下以词汇教学为例，探讨学得与习得融合的途径。

词汇学习有直接学习和间接学习两种形式，也称隐性学习和显性学习。隐性学习是无意识的自动行为，具有习得的特性；显性学习是有意识的大脑活动，是学得的活动方式。隐性学习所获得的隐性知识是以局部独立的方式储存的，而显性学习所获得的知识则是局部连接的。交际语言教学法在处理词汇教学时，主张采用间接学习法。交际法的观点是，学生的注意力只要集中在某些方面，尤其是言语所传递的信息方面，不需要专门学习词汇就可以习得词汇。

实践证明，这种学习词汇的方式比较适合于学习母语词汇，而不一定适合于学习外语词汇。我国学者认为，在交际法教学中词汇教学除了间接学习外，还应当结合直接学习的方法，即让学生在短期内反复激活同一个词，如让学生做些能将其注意力集中在词汇上的活动和练习，包括构词练习、猜字练习、背词汇表及词汇游戏等。在交际法教学中可以建构直接学习和间接学习的连续体，使学得与习得交融。比如，课堂上提醒学生注意那些会影响交际或阅读理解的词汇，帮助学生从上下文猜测词义；也可以让学生课后多查词典，布置相匹配的课后词汇练习，进行有意识的词汇记忆。增加直接学习机会能提高词汇产出能力，因为增加直接学习机会就是增加学生在短期内复现同一个词的机会，即在不同的语境中接触同一个词的机会。

学得向习得转化是学得与习得融合的重要表征。中国学生学英语要经历从不自觉到自觉的过程。在不自觉阶段，教师对学生控制得多、硬性要求多，而学生自主意识和目的性相对淡薄，学习中学得的成分可能较多；到自觉阶段，教师对学生的控制较少，学生自主能力增强。事实上，语言学习中把有意识的学得形态转化为潜意识的习得形态是可行的，这种转化的关键在于教师。有经验的教师会设计各种恰当的教学任务活动，为学生提供互动机会，引导学生从学得出发，在活动中向习得转化。

三、“活”与“动”的结合

活动（activity）是语言游戏和生活形式的常态，活动性是生活形式的主要特征，没有活动就没有实际生活内容，没有生活就没有语言活动。活动就是实践，活动是外语课堂教学的主要方式。活动是师生、生生之间信息传递、情感交流和能量流动的主要途径，是保持课堂生态活力的要素。王才仁创立的双重活动教学法（the dual activity method）是具有中国特色的外语教学法，也是研究活动教学极其宝贵的思想资源。他对于“双重”和“活动”有独到的见解和精辟的分析。

“双重”是指事物具有两种属性，是矛盾的统一体。事物的发展有可能走向两个不同的极端，这需要人们正确处理事物的各种矛盾。外语教学是整体系统，这个系统由六个因素构成，包括教学目的、主体、信息、渠道、环境和交际。具体地说，就是教学双目的、教学双主体、外语双信息、输入双渠道、输出双环境和交际双层次。外语教学双目的是指培养运用外语的交际能力和提高人的素质，这体现了《义务教育英语课程标准》的工具性目标和人文性目标。外语教学双主体指的是师生两个主体，教师作为主体，其对象性活动是学生怎样学英语的规律；学生作为主体，认识的客体则是英语符号系统及其功能。外语双信息包括信息的观念性和物质性，观念性指语言内部的规则，物质性指实际使用语言的规则。外语信息输入双渠道是指外在的刺激和原有的认知结构和经验，即学习者个体在已有经验和知识结构基础上通过与外界刺激的相互作用进行学习，主动积极地建构知识体系。输出双环境是指学习者输出受内部和外部环境的制约，内部环境指学生通过学得而建立的“信息库”，外部环境指运用外语于交际的人、地、时的环境。交际双层次指课堂交际活动要在内容层次和情感层次的结合上进行，体现“情知”（感情和认知）两个过程的统一。

“活动”可以分为“活”和“动”两个概念，其中“活”指活化或激活（activation），“动”指行动（act），即先活化而后行动：“活”是前提，是关键，“动”是目的，是归宿；“活”意味着把词语句子活化为话语事件，把机械操练活化为言语交际，把语言内容活化为实际生活。教学中寻找新旧知识之间的关联性，抓住其中的连接点，设计温故知新的认知链，可以促使学生检索学过的知识、吸收和储存新的知识，从而驱动认知结构和主体意识不断发展。如，教授宾语从句应以特殊疑问句的规则和实例为依托，讲解现在完成时态必须跟一般现在时态相联系，训练书面表达应提示学生使用已学过的句型或惯用法等。这样做的目的是激活学生的认知网络，帮助他们整合、优化、建构新知识。在讲授课堂新材料之前先提供些诱导性信息，即在内容的概括性、抽象性和包容性上都高于课堂学习材料的引导性文本，使学生在认知结构中形成与新的学习任务相关联的图式，加快理解新课文和组织新材料的速度，这是活化后的意识和思维的行动。

在“活”与“动”结合中，教师的重要任务是活化教材，即把教材所承担的知识转换为言语行为，使之返回活生生的交际事实。活化教材就是把虚拟的人物变成课堂上的真人真事，再设计出一个便于学生参与的活动，如练习表述、个人陈述、在小组活动中练习口头提问与书面填表等，用这些方式把文字转换为声情并茂的语言活动，学生就能动起来。把静态的语言知识和图片活化为生动、形象、逼真的言语事件，是活化与激活的体现。这种有交际目的、有主体参与、有输出环境、有情知合一的活动，是工具性目标和人文性目标的融合。

活动教学模式一般需经过五个步骤：引入—启动—输入—加工—输出。引入就是热身，引发动机，创造期待，以进入内容，引入也可以是联旧引新的复习。启动指的是针对新的教学内容，教师应启而不发，设计出引人入胜的活动启动学生的思维，在学生处于积极的状态下，通过师生讨论的方式呈现新的内容。输入一般分为两步。第一步是双渠道输入信息，具体步骤是：打开课本，让学生自己阅读文本，使呈现的内容落实到文字（即视觉通道输入），再反复听录音（即听觉通道输入），让学生直接接触信息源，保证输入的有序、密集、确切以及多渠道。这里强调的是学生自己读、反复听，不要以领读代替自读，“听”不能走过场。第二步是教师的讲解，讲解要把握重点，采用启发式的教学方法起到画龙点睛的作用。加工环节旨在帮助学生围绕教材重复、记忆教学内容，要力求组织典型环境中的典型活动以提高练习的意义性，吸引学生参与。输出环节是组织活动，引导学生结合实际综合运用所学语言，通过说和写产出，提高学生运用语言的真实程度和流利程度。

五个步骤的教学模式渗透了教学目标、主体、信息、渠道、环境和交际等双重性原则，体现了“活动”的内涵和理念。总之，活与动的结合是一种动态的教学过程，它展现了鲜活的教学内容，调动了教学主体全身心地参与认知。活与动的结合是创新的教学取向，是融语言观、认知观和教学观于一体的实践。较之传统“传授—接受”教学模式，“活动”的教学理念无疑是一种超越和提升。

四、内容与形式的统一

内容和形式是哲学、文艺学、美学中一对基本范畴，也是一个重要的二项对立问题。内容与形式辩证关系的话题十分古老。早在两千多年前，中国和古希腊的哲人就认识到一般事物中存在内容和形式对立统一的关系，做出了“内容决定形式”的发生学判断，并长期影响着后世的哲学认知。任何事物都有其内容和形式。从哲学上讲，内容是指事物所含的实质，是构成事物的要素或元素；形式是指事物内容的组织结构和表现方式。文艺学和美学对内容和形式的关系做了深刻的分析，提出各种不同的观点，其中有一种观点即内容和形式是不可区分的。而修辞学认为内容与形式对立是客观存在的，作品的内容和形式是可分析的，且内容和形式具有层次性、主从性、互动性和离合性等特征，二者构成一个复杂的层级系统，该系统由多级层次单位递进组合，排列有序：语音和语言意义组成辞面，辞面与辞里组成话语，话语与题旨组成语篇。在教育活动中，内容与形式演变为教学内容和教学形式。从语言教学角度看，区分教学内容和教学形式、讨论二者之间的关系不仅是可行的，而且是必要的。大体而言，教学内容包括课程目标和教材文本，这些内容既有显性的也有隐性的，教学形式是指教学的方法和技巧。教学内容是承载课程目标的载体，教学形式是达成课程目标的途径和手段。教学内容与教学形式之间至少存在主从性、互动性和转换性三种关系。

第一，内容与形式的主从性关系。传统的观点认为，内容是事物的主要方面，形式是次要方面；内容决定形式，形式服从于内容；内容借助形式来体现，形式依靠内容而存在。在英语课程研制和课程编写方面，一般是按照“内容在先，形式在后”的原则。

第二，内容和形式互动性关系。内容与形式之间是平等的关系，而不是主仆关系；不是静止的，而是动态的。内容总是某种形式的内容，形式总是某种内容的形式。一方面，教学内容需要教学形式来表现，某一种内容可能需要多种与之相适应的形式。另一方面，教学形式需要容纳内容、把内容作为载体，某一种形式也可能与不同的内容相对应。换言之，同一种内容在不同的条件下可以采取不同的形式，同一种形式在不同的条件下可以体现不同的内容。

第三，内容和形式转换性关系。内容形式转换论承认内容和形式有所区别，认为二者是可以相互转换的。转换的途径有两种，一是从形式出发，把形式内容化；二是从内容出发，把内容形式化。这种转换可以提升形式和内容的本质意义。一旦转换成功，内容中就包含着某些形式因素和特点（即内容的形式性），形式中也包含着某些内容因素和特点（即形式的内容性）。生活中，在定条件下形式可以转化为内容，反之亦然。

五、预设与生成的和谐

生成性教学是一种融教学价值观、认识论、知识观与方法论于一身的教学哲学。生成性教学以学生生存发展为本，承认个体对知识的作用和价值，主张以学生成长和具体教学需求选择方法，实现了对“预设论”教学观的扬弃与超越。生成性教学中存在一些不良倾向，主要问题有两个：一是强调生成、否认预设，二是追求时尚、盲目生成。前者是过分强调和夸大了课堂动态生成的作用，忽视或否认课前预先设定，误以为课堂教学设计越简单越好，甚至不用备课，让学生自主学习，让生成决定课堂。这是走入了对预设与生成的认识误区。后者是偏离预设目标和教学任务，随意生成活动，误以为凡是与“预设”不一致的地方都是“生成”，“自主学习”就是“自由活动”，课堂上可以放手让学生自己活动、自我生成。这是走入了生成性教学的行为误区。所谓预设，就是教师对课堂教学的系统化设计，是教师围绕教学目标，在系统钻研教材内容和认真分析学生的知、情、意等实际情况，以及在对以往相关教学行为结果深刻反思的基础上对教学的规划和设想。所谓生成，是指课堂教学在预设的基础上引导学生对已有知识经验的重新组合、动态生成教学内容的过程，它体现了学生学习的灵活和教师教学的机智。生成性教学倡导预设与生成的有机结合。

预设和生成是辩证统一的关系，二者在时间、主体、形态等方面有所区别。从时间上看，预设一般发生在教学活动开始之前；生成则主要发生在教学活动之中。从教学主体看，预设的主体是教师，既可以个体活动，也可以群体活动；而生成不是教师一人所能完成的，它需要课堂主体（教师和学生）一道共同建构，同时还需要课堂物理环境以及社会心理环境的支持，如教学情境和师生情感等。从教学结果看，预设指的是教师完成预先设计的教学方案，学生达到预设的目标；生成是指教师和学生都获得较好程度的发展。在形态上，预设完成的有形产品（如教案）是静态的；而生成的过程必然是动态的，因为师生之间的对话交往和情感沟通都是在互动中完成的。必须指出，预设过程中教师的思维活动或集体备课的群体互动也是动态的。

教学过程是一个复杂的动态系统，其间充满着种种不确定性，生成是不可避免的，但这并不意味着预设可有可无。教学准备阶段，教师针对教学目的设计、选择教学因素，形成一定的教学方案，这种预设非但不可排除，而且十分必要，它体现了教学的计划性，强调教师对教学秩序的规范与控制，强调学生对知识的接受、掌握与认同。预设与生成并不矛盾，预设是生成的基础，预设越科学、充分、合理，生成越良性、高效。精彩的生成离不开精心预设，教师必须在课前对课堂教学任务有一个清晰、理性的思考与安排。因此，处理好预设与生成之间的静态与动态、封闭与开放的辩证关系，有助于推动教学过程的良性循环，实现教学的优质高效要求。预设是基础，是前提，“凡事预则立，不预则废”。没有高质量的预设，就不可能有十分精彩的生成。课堂上存在的许多机械刻板之类的缺点恰恰正是教师在课前缺乏精心准备和科学预设造成的。之所以不能忽视或否定预设是因为预设与生成是一种相辅相成、相互依存、相互补充的关系。

有预设就有生成，合理的静态预设会产生动态的生成。在英语阅读课教学中，预设是对文本的尊重，生成体现了对学生的尊重，设计实然性、或然性等开放性问题，会给课堂预留动态生成的空间。课堂上通过启动问题、设问激趣、诱导思考，酝酿和催化生成。预设要求教师深入地解读文本，体验、感悟文本的深度，只有先“披文入情”才能“情动而辞发”地预设，才能有效激活生成。预设要求教师全面分析学生的知、情、意，把握教材的结构，对每个教学环节可能出现的情况做出预测，并思考应对措施。预设要讲究柔性设计，即课堂留有一定的弹性时空，过度设计会导致对教学的过度控制，导致对学生活动和发展的包办、强制和干预。预设要注重高校英语课堂具体细节，诸如组织活动、情境设计、时间安排、问题设置和作业布置等。当然，重视预设并非淡化生成，没有生成的预设必然是僵化的、缺乏生命活力的，没有生态资源的课堂会流失很多人文气息，不利于培养学生的问题意识和创新精神。

第五章　英语课堂生态教学风格的塑造

尽管教学风格的成因非常复杂，但绝不是不可知的，而是可以探讨的。我们认为影响教学风格形成的因素大致有以下几个方面：教师的德行、知识结构、思维特点、个性特征、审美情趣（以上因素为心理因素）和教师在教学风格上的主观追求等。教学风格的形成，便是心理基础与主观追求的高度统一，是多种因素的结构及其运动达到稳定状态的表现和结果。教师通过英语课堂生态教学风格的塑造可以使先进的教育观和正确的生态价值观得到传播，不断地促进师生共生共长，形成相对稳定、富有创造性和独特性的教学技巧和风格。

第一节　英语课堂生态教学风格的形成过程

一、英语课堂生态教学风格的构建原则

（一）树立生本教学的理念

高校英语学习的主要渠道是课堂教学，它对学生的成长起着至关重要的作用，因为课堂是保证语言输入与输出质量的场所，同时也是学生和谐成长与发展的环境。对语言的习得而言，建立学生处于自觉自主、积极主动、轻松愉快状态的学习生态是合理的，而学习生态的建立有赖于整个高校英语课堂教学的生态化。根据生态学基本观点，高校英语课堂是由英语教师、文理各学科的学生以及课堂环境三种生态因子所构成的微观生态环境，课堂环境包括物理环境及教学的目标、内容、方法、手段、氛围等。高校英语课堂生态的三个生态因子既相对独立，又相互联系、相互依存、相互作用、相互适应，它们在合作与共生中使高校英语课堂成为一个不可分割的有机生态整体，共同完成大学英语育人的功能。三个生态因子是动态发展变化的，它们的状况会直接影响高校英语课堂教学能否正常进行。生态学的整体观和平衡观认为，其中一个因子的失衡将会引起连锁反应，继而导致高校英语课堂生态系统失衡，呈现不和谐的

局面。因此，高校英语课堂生态具有整体性、和谐性、共生性等特点，应遵循有关原则，由师生协同建构。

生本教育的价值观是一切为了学生，伦理观是高度尊重学生，行为观是全面依靠学生。在高校英语课堂生态中，学生处于重要的生态位，他们是课堂学习行为的实践者，是教学效果的体现者，是知识的主动建构者和生成者，所以高校英语课堂生态的根本目标是一切为了学生，全面依靠学生，将全部教学价值归于学生。

生本就是要以学生全面创新发展为本，教师既要促进学生学习自主能力的发展，又要重视他们的思维、情感、态度、价值诸方面的完善。为了促进学生认知能力和创新能力的发展，大学英语教学应以学生参与为中心，以师生、生生交往为本，以语言交际复用为原则，设计贴近学生生活的、学得与习得相结合的语言任务，经常开展诸如 group discussion，situational dialogue，project work，interview 等信息互动活动。这些互动活动能使学生实现陈述性知识与过程性知识的互相转化，通过各种语言输出活动和反复实践已有的语言知识，激发学生的潜意识学习，形成语言知识与交际能力相互促进的良性循环。在多样化的活动中，学生通过查阅、筛选、整理资料，既能提高读写能力，又能训练口头表达能力，从而形成一条相互作用、动态平衡的语言输入、吸纳、输出的生态链，有助于学生创造性思维的形成及创新能力的发展。

生本就是以学生个性及其差异为本，教师既要关注和尊重学生的个性差异，又要使学生的个性充分张扬，使每个学生都能得到符合其个性发展的教育。大学英语教学应让学生根据自己不同的英语程度和自学能力制订不同的学习计划，根据自己的个性特点选择合适的学习内容和学习进度。教师应了解分析不同学生的学习情况并给予专门指导，确保不同层次的学生在语言应用能力方面得到训练和提高，为实现真正意义上的大学英语个性化学习创造最佳条件。

（二）营造平等和谐的教学氛围

课堂生态价值观认为，师生各自拥有属于自己的、不可替代的价值，在价值本体的层面上居于平等地位。所以，师生平等相待、和谐相处是生态化课堂的基本特征。在高校英语课堂上，教师应以“友谊模式”组织教学，这样课堂上才会呈现和谐的生态氛围。心理学家罗杰斯说，成功的教学依赖于和谐安全的课堂气氛，和谐的课堂气氛是学生创造性得以表现的重要心理环境，而高校英语课堂中的师生关系直接影响着课堂教学气氛与教学活动的进行和效果。所以，教师应对学生充满关爱。学生是根据移情作用、理解和回应三个因素来感知教师对他们的关爱的，因此，教师对学生及其观点应持积极态度，对学生的问题要重视，要聆听学生的观点并且做出及时回应，生态化的高校英语课堂教学应使课堂教学成为学生能抒发不同见解、共同分享责任和良好愿望、充满关爱的学习共同体的实践，在实践中师生共同创造人人都感到愉悦的环境。

学生希望教师在课堂上创造积极的学习环境，为每个学生提供均等的机会，使其有机会展示他们的才智、知识和技能，为此在高校英语课堂生态教学中，教师应扮演多种生态角色。

首先，教师应是课堂生态教学的设计者。教师应结合学生的需要，创设适应学生差异发展的、使学生能自然轻松学习的环境。针对不同学科的学生，应补充有关专业的英语知识，如术语、词汇、表达等内容，设计相应的语言活动来训练其英语技能。如针对旅游专业的学生，在学习 Traveling 这一单元时，可补充有关旅游专业英语知识、英文旅游专业术语、词汇和表达，设计与旅行社及导游的情景对话和角色扮演、举行旅游知识竞赛等课堂活动。这些知识与活动直接触及学生的专业领域，既可丰富他们的专业英语知识，又能激活他们运用英语的欲望及参与活动的热情。

其次，教师应是课堂生态教学的诱导者。在学习英语的过程中，学生英语知识的建构和生成是教师不可替代的。教师应诱导学生“学会学习”，在教师的引导下，学生自学课文并分析语言难点、篇章结构和主题思想，进行小组讨论或向全班汇报。教师还应进一步引导学生探讨英语学习策略，通过学生自己的学习体验，使其学习兴趣向纵深发展，引导学生在接受知识的基础上，掌握探究性的学习方法。

最后，教师应是课堂生态教学的协调者。教师应有效协调课堂生态中的人际关系，使学生尊重同伴，宽容差异。学生只有在这种平等和谐、充满关爱的生态环境中，才能充分形成自我意识，实现自我价值，促进自我发展，师生、生生之间才能有效地进行知识信息交换，形成良性循环。

（三）创设宽松自主的学习环境

大学英语生态化课堂应成为学生自由、自主学习的天地。宽松自主的学习环境是培养学生创新能力的重要条件，因为只有当学生的心态处于自由轻松的积极状态时，他们才能对学习产生浓厚的兴趣，才能积极主动地去探究知识并创设宽松自主的课堂生态环境。①教师要赋予学生自主学习的权利，如选择的权利、独立思考的权利、自我发展的权利和参与研究的权利，让学生能够自己去确定学习目标，决定学习内容和进度，选择课堂活动和学习方法，从而评价学习效果，参与教学全过程，施展自主调控的能力，最终获得主动发展。②教师要适时地向学生提供自主学习的各种资源，如信息资源，包括各种英语参考资料、媒体、网络等；环境资源，包括学生自主学习的时间、场所、情景、氛围等；人力资源，包括教育者、学习同伴等。新的教学模式将单一课堂面授为主转变为教师面授与学生自主学习相结合，采用与教材配套的网络教学系统，补充完善课堂教学的不足，为学生营造宽松自主的语言学习环境，将教学过程划分成若干个具有互动性的课内课外、网上网下、大班小班、自学面授相结合的教学环节，实施以培养学生自主学习能力为中心的立体化、多样化、个性化的生态教学。宽松自主的高校英语课堂生态教学，既能扩展教学空间，又能丰富自主学习的内容和形式，有利于学生学习兴趣和自主能力的培养以及语言综合运用能力的提高。

（四）建立相互塑造的师生关系

就掌握知识的先后和传递知识的方向而论，师生之间似乎存在具有线性特征的纵向联系和垂直关系。然而，作为教学生态系统中的有机组成部分，师生之间却具有非线性特征的横向协同作用的关系。

由于新的学科与技术、新的学术流派与观点不断产生，不断地丰富着各学科的学生，从某种意义上说，他们的知识总和、信息量的总和是会超过教师的，教师和学生在知识与信息维度上很难说谁占优势。再者，大学生自我意识和个性特征日臻完善，逻辑思维和辩证思维日趋成熟，他们均有一定的知识水平和鉴赏能力，对学术性问题有浓厚的兴趣，尤其是对认识新问题的渴望、对前沿知识领域的执着探索等都在不断地感染着教师，促使教师不断更新知识、不断对自身提出更高要求，从而发展自我、超越自我，再塑造自我。学生的进步与成长不仅会促使教师反思，引发教师调整与改进教学内容和方法，还会促使教师知识体系和教学心态的改变。由此说来，教师在传道授业、塑造人才的生涯中，也被自己的塑造者所塑造。学生成长需要教师，教师不断进取也需要学生，师生是相辅相成、互相依托的伙伴，他们在知识与智慧方面的相互交流、相互启发、相互补充中分享彼此的思想、知识和经验，共同进步。

二、高校英语课堂生态教学环境的优化

（一）优化大学英语教学的情感环境

在大学英语生态教学中，教师与学生之间是一种相互依存的平等生态关系。作为生态课堂的两个主体因子，和谐的师生关系是保持大学英语生态教学平衡、提高教学效率的重要基础。在构建生态大学英语教学的过程中，一方面要打破教师的“知识垄断”地位，另一方面要充分尊重学生的个体差异，满足学生的个性化发展需求。因此，大学英语课内外教学活动的设计和开展要求教师将课程培养目标和学生的能力培养要求进行有机结合，并将英语语言知识的传授与语言技能的培养有机结合，从而激

发学生的英语学习动机，真正体现“以学生为中心”的教学理念。因此，在生态大学英语教学环境中，教师和学生可以形成一种相互关心、相互信任、相互合作、相互尊重的新型师生、生生关系，为创建和谐、轻松愉快的课堂教学心理环境提供保障。

（二）优化大学英语教学的社会环境

根据生态学原理，任何生态系统都是动态的、开放的，通过各生态因子之间及其与环境之间的能量流动实现本系统的生存和发展。随着经济全球化程度的不断增强，社会发展对学生的英语综合运用能力、跨文化交际素质提出了越来越高的要求。为满足时代发展对学生英语综合素质的要求，大学英语生态教学体系也应该是动态的、开放的。除进一步完善其教学模式和课程设置以外，还应突破传统课堂教学模式，将学生的学习置于开放的生态系统中，借助多媒体、互联网等现代信息技术把课堂教学环境进一步延伸和扩大，加强课内学习与课外实践的联系，注重课堂教学与外部世界的多元互动，从而培养学生的自主学习能力，使学生在真实、开放的语言环境和生活环境中提升英语综合运用能力和综合文化素质。

（三）优化大学英语教学的评价体系

完善大学英语教学质量评价体系，是大学英语生态化教学环境优化的重要环节。生态化大学英语教学质量评价模式应充分尊重学生的个体差异，提倡对学生进行激励性评价，施行形成性评价和终结性评价相结合的评价体系。形成性评价侧重对学生学习过程的指导、监督和评估，注重学习的阶段性效果；终结性评价是对学生一段时间以来整体学习效果的检测，主要包括期末考试、水平考试等形式。学生参与评价是实现其生态主体地位的重要途径，多元化评价方式和评价主体对于增强学生与教师的自我发展能力都具有积极的促进作用。除常规的教师评价外，教师指导下的学生自评、互评和小组评价等是保证评价各个环节真实、有效的重要方式，有利于实现评价服务教学的目的。在我国相当数量的高校中，大学英语四、六级考试成为大学英语教学的指挥棒，是衡量一个学校英语教学成效的唯一标准，受到了学校、教师以及学生的重视。社会上的许多用人单位也将四、六级考试的合格证书作为聘用的一个必备条件。在四、六级证书的反拨作用下，学生的英语学习出于纯粹的外在功利动机，单纯地为应付考试而学习。然而，基于成功需要的外在学习动机使学生缺乏持久、强大的内在动机，学习时间持续较短。因此，要想使外在动机转化为内在动机或者激发学生的内在动机，需要各高校生与全社会的共同努力。

（四）优化大学英语教学的网络环境

以多媒体、互联网为代表的现代信息技术与大学英语教学体系的有机融合，是生态化大学英语教学的另一个重要特征。现代信息技术的引入拓展了大学英语教学环境，丰富了知识的呈现方式，满足了学生个性化的发展需求。教育生态学指导下的大学英语网络教学环境，有利于构建大学英语教学课内外的多维联系，创建真实、有效的外语学习环境和多元的社会实践网络。生态化大学英语网络教学环境鼓励大学英语教师和学生打破传统的平面课堂，在熟练掌握互联网、现代信息技术的基础上，共同构建数字化、网络化、智能化的立体课堂，在真实的语言训练、语言实践环境中，提升自我评估能力和自主学习能力。因此，生态化大学英语教学应该在信息技术的辅助下，贯彻“学生为中心，教师为主导”的教学理念，将传统教学模式与多媒体网络教学模式有机结合，从而实现教学效果的最优化。

第二节 英语课堂生态教学风格的形成路径

一、以“适应性”为基础，避免“花盆效应”

（一）突破空间“局限性”束缚，注重教学环境构建的“适应性”要求

高校英语教学开展的最终目标是不断加强学生对语言文化的认识，了解时代文化发展背景，从根本上探求语言自身所存在的“艺术性”，充分培养学生的英语学习能力。空间局限性约束了英语内涵的渗透，造成了高校英语课堂教学“花盆效应”的形成。生态理念则是从艺术与文化角度出发，将其所具有的文化价值与艺术价值进行有效挖掘，探索高校英语教学与国际相接轨的必经途径，以教学环境及教学氛围的转变对教学对象进行深入探究。交际英语开展形式为生态理念落实的重要手段，高校英语教学与实际应用应有效结合，使英语课堂教学应用价值不断提升，与“国际化”发展形成无缝连接，从而充分体现高校英语生态课堂教学所具有的“适应性”。

（二）从自然语言环境出发，构建“生态和谐化”教学常态

在高校英语课堂教学开展过程中，语言体系的构建应遵循相对应的自然发展规律，通过外部环境刺激及引导，使学生语言体系的形成更加规范，达到所应具备的“实用性”目标。“花盆效应”对环境存在一定的空间束缚，对学生语言能力“长久性”的培养并不能产生积极的推动作用，也不能体现高校英语课堂教学生态化教学理念的根本宗旨。从这一角度而言，语言环境所具有的自然特点是关键要素，语言环境及氛围的构建应体现出“生态和谐化”这一具体特征，逐步将其成为一种教学常态，

对学生自然语言体系的形成过程产生积极的影响与引导，并通过对外在因素进行有效转变，使学生语言能力得到培养。

二、强化课堂和谐理念，促进教学主体与环境之间的相互协调

（一）以自主学习为切入点，对高校英语教学主体形成正确“生态引导”作用

就时代教育发展的总体背景而言，对高校英语课堂环境以及氛围的打造，是对高校学生英语自主学习能力有效提升的关键，是课堂氛围具有一定“生态化”的教学特征。这一教学特征的关键则是对教学主体的认识层面给予有效明确，紧抓学生生态课堂的“主体性”，使生态课堂教学氛围对学生英语自主学习能力的培养在无形中产生侧面引导，最终达到自主学习能力对于学生主体形成“生态引导”的作用，为学生与课堂氛围之间形成协调发展奠定坚实的环境基础，同时达到学生对高校英语课堂教学的认识层面及认识维度不断全面和深入的教学目标。

（二）从课堂微观角度构建英语教学环境，使其各方面生态因子协调发展

微观发展理论强调的是对事物发展的内在因素进行广泛探索，以达到事物内相互作用的因子能够相互协调、共同影响的目的。高校英语课堂生态理念教学则是对课堂教学环境及氛围的构成因子进行微观探索，将教学对象、教学引导、教学环境以及教学内容之间所存在的必然联系进行有效研究，使课堂教学过程能够形成最佳的教学氛围，推动高校学生更加全面地认识语言文化，对学生内心产生无意识的影响。这是高校英语课堂生态教学理念所具有的发展价值，可为课堂教学逐步走向“多元化”发展道路提供有效的研究基础，使其教学环境的构建过程逐步达到“科学化”“理想化”的最终标准。

（三）运用高校英语动态组合思维，进一步淡化传统“中心意义”的教学思维

动态组合思维所强调的关键在于以合作促进教学环境的改变，对合作对象的选择进行“系统性”探索，体现高校英语课堂教学环境所具有的动态特点，为生态化教学理念的落实提供良好的平台。从生态理念角度出发，高校英语课堂教学应朝着交际英语教学模式快速发展，对“互动式”及“合作式”教学模式进行广泛探究，转变原有英语课堂教学思维，让英语课堂教学“多样化”发展的认识维度达到较高的“全面性”。只有这样，高校英语动态组合思维的落实才具有较强的“时效性”，传统的“中

心意义”教育思维也才能逐步将重心转移，体现出生态理念英语课堂教学所具有的优势，逐步摆脱传统高校英语课堂构建的约束影响，提升高校英语课堂教学实用价值。

三、贯彻教育教学生态理念，探究高校英语生态课堂教学的功能性

（一）以耐度定律为出发点，有效评估高效生态英语教学对其环境因素的忍受程度

耐度定律或忍受法则亦称为谢尔福德耐受性定律，是美国生态学家谢尔福德于1913年提出的生物对其生存环境的适应有一个生态学最小量和最大量的界限，生物只有处于这两个限度范围之间才能生存，也可以理解为耐度定律是某一事物所能够承受的最大极限。高校英语课堂教学生态理念的应用，并不是无限制地开展互动教学、对学生能力进行单一模式的培养，而是在进行教学环境以及教学模式的应用过程中，结合高校学生对英语环境的转变所能承受的最大限度进行有效评估，结合相应的交际英语教学过程对学生能力培养方向进行转变，使之生态教学理念具有较强的“适应性”。这对于高校英语课堂模式以及环境的构建会产生积极的影响和作用，并且可为高校学生语言体系的正确形成提供有效帮助。生态理念会对高校英语课堂构建达到理想化标准产生必要的支持作用，使其成为生态理念有效落实的重要依据，由此突显出高校英语课堂教学构建过程所具备的“科学性”与“完整性”。

（二）严格按照最适度原则，充分肯定英语生态课堂设置的“科学性”

所谓“最适度”原则，从直观角度来讲就是“适应性”最强的一种原则和手段，对事物的发展能够产生最好的效果。高校英语生态课堂的设置应坚持该原则，使“多样化”教学模式有效融合，使高校学生语言艺术的认识“广泛性”不断增强，同时使课堂教学具有更强的“现实性”。有效坚持这一原则可对高校英语课堂教学对象的深入探究产生积极作用，为课堂气氛转换的“合理性”提供有力的依据，推动课堂生态教学理念逐步走向完善。这是课堂设置逐步达到“科学性”目标的主要体现，同时可为高校英语生态课堂教学逐渐形成创新发展趋势提供必要的帮助作用，以此为高校英语生态教学理念的不断升华与发展提供有力的保障作用，不断推动高校英语课堂与生态理念之间的充分融合。

（三）以语言现实功能为根本，强调“顺应性”理论在生态教学中的现实意义

高校英语课堂教学开展的根本目的是对高校学生语言交际能力的全面培养，突出语言文化所具有的“艺术性”。生态理念中对于高校英语课堂教学的语言现实功能进

行深入挖掘，从中充分展现语言艺术“主体性”，进而在无形中对高校学生语言现实能力的发展给予有效培养。“顺应性”理论是强调高校英语课堂教学对学生能力培养的本质，以此使人们对语言文化的“艺术性”认知过程更为全面，使语言现实功能在高校英语课堂教学中得以充分展现，也是高校英语生态教学理念构建的前提要素。从这一方面可以看出“顺应性”理论所具有的决定性，语言现实功能是基本的“保障性”因素，以此才能不断提升高校英语课堂生态教学理念所具有的发展意义和现实意义。

（四）立足语言教学效果功能，加强课堂生态因子的“协调性”及“适应性”

高校英语课堂教学模式开展具有一定的“多样性”，这些教学模式有效应用的途径具有相应的“共同性”，这一“共同性”指的就是语言教学。语言教学的功能在于对学生进行有效的引导，打造良好的学习环境以及教学气氛，使学生能够有效提升英语交际能力，并且促使学生语言文化的“艺术性”得到更为深入的挖掘。这是高校英语生态课堂教学构成的重要因子，可为课堂教学环境生态化发展奠定坚实的基础，同时满足新时期高校英语课堂教学发展的新要求。这是生态理念与当今高校英语课堂教学之间所存在的“适应性”与“协调性”的具体体现，可促进高校英语课堂教学功能不断达到全面发展的新目标，有效地提升生态课堂教学理念的具体应用价值。

四、以课堂教学协调发展为目标，体现可持续发展的生态教学理念

（一）落实多元生态化课堂教学观念，力求学生需求分析过程及角度“全面化”

生态理念的创建关键在于对生态理念思维角度进行“科学性”的拓宽，从而不断加强课堂理念的可持续发展，使生态课堂建设不断创新。保证这一目标的根本前提在于对学生需求方向的全面分析，结合当今高校英语国际化发展总趋势，充分思考学生交际能力的培养角度，使理念构想思维保持高度紧密，充分加强高校英语生态理念教学的“实用性”，提升课堂教学品质及内容。这对于高校英语课堂教学因素和谐发展会产生积极的推动作用，从而满足时代发展背景中高校学生的切身需求，以此不断提高生态理念教学发展的可持续性，为高校英语教学全面发展提供强有力的支持条件。

（二）以“兼容、动态、良性”发展构想为前提，打造生态教学“系统化”

发展构想核心在于高校英语课堂教学模式与形式达到多样化标准，进而不断加强高校学生内心思想及学习的主观能动性，逐步加深语言艺术及文化背景的认识层面。

从这一维度来看，高校英语生态课堂教学理念的构建，将其教育体系进行了更为系统的优化，从宏观角度是对教学组织形式及教学模式不断拓宽，从微观角度则是有效加强语言艺术及语言文化的渗透过程，使生态教学成为推动高校英语课堂全面发展的重要思想理念。这一理念所展现出的系统性特点较为突出，能够与传统应试教育思想形成鲜明对比，为满足时代教育新背景所提出的要求提供有效途径，使之确保语言艺术及语言文化能够超越国界的限制，提升高校英语课堂所应具备的教育发展价值。

（三）落实科技创新教学理念，以个性化英语课程体系构建为生态教学发展之本

科技创新作为高校英语课堂生态教学发展的重要环节，是关键性的硬件保障措施。通过科技创新教学理念的有效落实，不断拓宽高校英语课堂教学所涉及的范围，不断加强课堂教学的“实用性”，从而提升课堂教学品位以及课堂教学所具有的功能效果。这是个性化教学有效开展的根本，同时也意味着高校英语课堂生态化教学理念融入过程具有较强的科学色彩。从教学体系构建角度而言，科技创新引导个性化教学理念不断完善，是高校英语生态课堂教学成为教学体系的重要组成部分，为高校英语课程发展的“创新性”的有效提升提供必要的支持，并且为课堂环境的有效优化及课堂教学对象的具体研究产生积极的促进作用。

（四）以体系构建为高校英语生态教学核心，强调课程体系可持续发展的“战略性”

传统高校英语课堂教学注重形式，但“实质性”研究并不彻底，课堂氛围及课堂环境的改善并不能达到目的。生态教学理念则是以课堂授课对象的“选择性”以及“探究性”提升为出发点，加强课堂交际形式及使用价值的创新研究，为高校学生对英语语言文化的认知高度的提升打下坚实的基础，同时使语言文化所具有的艺术特征得到更为广泛的传播。这是新时期高校英语课堂教学体系构建的根本核心，体现出生态教学理念对英语课堂教学的深层次含义，为课程体系构建走向可持续发展道路提供有效的思想基础，并且最大限度地发挥其所具有的战略意义。

第六章　英语生态教学模式建构的方法

教学模式是教师为实现特定的教学目标，依据教育教学规律，合力创造有利教学环境，提高学生学习效率和促进学生学习效果所采用的教学规范或教学过程。有时，为完成教学任务，广大教师在教育教学实践中依据教学理论所揭示的教学规律，通过教学系统设计，选择、创造和运用行之有效的教学模式来促进教学改革。英语生态教学模式就是针对我国英语教学的特殊活动设计的有效教学模型。任何教学模式的运行都离不开必要的实现条件，英语生态教学模式实现条件是指能使教学模式发挥效力的各种条件及其生态要素，主要包括教师、学生、教学内容、教学环境以及实现条件间的互动关系。

第一节　以教师为主的建构方法

一、英语教师专业发展的时代背景

教学活动离不开学生、教师两个主体。学生是“学”的主体，在以学习者为中心的教育理念下，充分发挥学生中心地位意义重大。但作为“教”的主体，教师在教育教学过程中则起着主导性作用。高校英语师资队伍建设对于深化高校英语教育教学改革至关重要。近年来，高校英语师资队伍不断壮大，师资在学历层次、专业水平等方面都有了较大幅度的提升。现行高校英语教师队伍中，随着20世纪50年代出生的教师陆续退休，现职教师大多都是本科以上学历，其中有国外留学或工作经历的占有一定的比例。很多重点大学要求教师必须通过各种方式到国外访学深造，否则在职称评定和提拔任用等方面就会一票否决。外籍教师也成为高校英语师资队伍中不可或缺的组成力量。在中外合作办学项目和某些民办特色学校，外籍教师甚至成了高校英语师资队伍中的主力军。在高校英语教材不断更新、升级的市场机制推动下，基于新教材的高校英语教师培训使高校英语教师在教学理念、教学方法等方面与时俱进，不断发展。广大教师开始注重学生英语综合能力培养，在以教师为主导的同时，普遍关注、探索以学生为中心的教学法，并取得了显著的成果。近年来，在高校本科教学质量评估的政策推动下，高校英语教学条件建设发展迅速，多媒体教室和大学英语网络自主学习中心得以普及，为高校英语教师探索基于计算机和课堂的教学模式、改善教学效果奠定了坚实的基础。为了确保高校英语教师队伍的健康发展，各校英语教学部门完善了制度，改进了工作机制，通过教改、教研、教师专业发展一体化的团队建设，加强了观摩教学、师资培训与学术交流，推动了学习型师资团队建设，提升了高校英语教学团队整体理论水平。现在的高校英语教师发展已不仅是“站好讲台”，还积极地投身教改、教研，发表学术论文，编写、出版校本特色英语教材。

当然，随着高校英语课程体系改革的不断深入，高校英语师资队伍建设也出现了一系列的难题，面临着来自各方面的挑战。例如，我国高校英语教学改革正处于一个从普通用途英语 EGP 到特殊用途英语 ESP 的转型时期，急需具有 ESP 背景的“双师型”教师队伍。高校英语教师面临着职业转型的挑战，不仅仅要讲授传统的语言技能，还要根据学生的专业学习和就业需求，给学生开设各类学术英语（EAP）或职场英语（EOP）。但高校目前缺乏行之有效的 ESP 师资队伍建设规划或举措，大多数英语教师对特殊用途英语有畏难情绪且不愿转型，而且由于“双师型”师资在学科专业归属、职称晋升等方面缺乏政策引导、鼓励和支持，合格的 ESP 师资严重匮乏。高校英语“教”的主体无疑就是高校英语教师，但在我国高校，高校英语课程建设是一个系统工程，其主体不能局限于传统意义上的教师，也离不开教学管理者的参与，也就是说，高校英语教学具有教师、学生、管理这“三个主体”。在我国高等教育的体制中，管理者这个主体的作用不可低估，有时候也会起到决定性的作用，深化高校英语教学改革离不开管理者的充分重视和参与。我国高校英语改革管理者的主体是一个广义的概念，既包括高等教育各级各类行政主管，如教育部、省市教育厅的相关主管，以及学校分管领导、教务处领导等，也包括高校英语教学部门主管，还包括教育部、各省市大学英语教学指导委员会等学术机构。这些管理者主体是高校英语改革的决策者、组织者和管理者，他们对高校英语课程建设的理解、支持与付出是高校英语教学改革的决定性因素之一。以学校教学管理职能部门教务处为例，高校英语课程教学管理与改革的方方面面都离不开教务处的关心和支持，如本科人才培养方案中对英语课程性质的定位、学分和学时分配、教学资源、教学改革立项、学生分级分班、课程排课、教学场所安排、学生资助、教学奖励等。但其实，除了上述主体，英语教学改革的顺利开展也离不开学校各专业学院、学生处和团委等职能部门主管领导的关心和支持。为了充分调动各方积极性，类似高校外语部或外语学院这样的英语教学部门，必须加强与学校有关领导和职能部门的交流互动，保障高校英语教育教学改革的顺利实施。

二、生态英语教学观指导下的教师角色反思与转变

（一）教师角色的反思

在高校英语课堂教学改革实践中，教师应对其所使用的课堂教学理念进行透彻的理解与把握，并且这种理解与把握还要外化为教师在课堂教学中的行为举止，即教师的角色。“角色”一词最早源于戏剧，指舞台上的演员根据剧本需求来扮演某一特定人物。在现实社会中，它主要用来指个人在社会关系位置上的行为模式。把角色的概念引入高校英语的课堂教学中，目的是用其来研究与分析课堂教学中教师与学生的言行、举止、地位及相互之间的关系，以便更好地发挥两种角色的不同功能。传统的教育观认为，在高校英语课堂教学中，教师是领导者，是文化知识的灌输者，是绝对的权威；学生是被领导者和接受知识的“容器”，处于绝对服从的地位。而生态化课堂则以生态思维的方式重构课堂教学理念，师生平等相待、和谐相处是其最基本的特征。生态课堂模式下的高校英语教学生态系统是以学生为本、关注学生可持续发展的，生态课堂中的师生关系摒除传统的主、客体之间的关系，强调师生是和谐相融、互惠共生的，这种师生关系的终极指向是达到师生的共同、全面、健康发展。为了实现此教学目标，必须对教师自身角色进行重新定位，并在此基础上建立新型的师生关系。

（二）教师角色的转变

一直以来，教师被奉为是传道、授业、解惑者，但在高校英语生态课堂的教学模式中，如何才能让教师的这种角色得到真正回归呢？首先，教师应是课堂教学活动的组织者和学生学习的引导者。课堂教学是高校英语教学的主要渠道，教师的主导作用贯穿于课堂教学的始终。在组织高校英语课堂教学活动时，教师要根据教学目标和教学要求，根据学生的实际水平和需求，精心设计课堂教学的结构，组织安排丰富多彩的课堂教学活动与内容，帮助学生顺利完成教学任务。教师又是学生学习和价值的引导者。当学生学习遇到困难时，教师相对于学生而言具有知识与经验上的优势，这时要引导学生正确理解学习的意义与价值，鼓励学生敢于面对困难、正视挑战，培养学生树立积极向上的学习观；当学生对生活、理想、人生、社会等基本概念和重大问题的理解导向出现偏差时，教师要充分尊重学生的自由意志和人格尊严，引导学生明

白解决问题的关键所在，培养学生自己解决问题的能力。其次，教师又是异域文化的传播者。语言是人类社会文明发展到一定阶段的产物，文化的传承与发扬光大主要是通过语言才得以实现的。随着社会信息化、全球化的迅速发展，各个国家之间的交往日益密切，英语作为非常重要的国际语言担负着越来重要的交流使命。这对高校英语的课堂教学提出了新的要求与挑战，即不但要培养学生实际的语言应用能力，还要培养学生的文化内涵与素养以及恰当地使用语言进行跨文化交际的能力，进而提高学生的整体素质与综合能力。因此，语言教学不能只是简单的语言知识与技能的教学，还应为学生开启一扇文化之窗，通过这扇窗，学生能够更好地了解世界不同国家和民族的历史、文化、风土、人情等，这样有利于学生借鉴与吸收外国优秀文化资源，丰富和提高自身的文化素养。再次，教师还要成为高校英语课堂教学的反思者。在如今的高校英语课堂教学中，反思能力是一个生态型大学英语教师所应该具备的一项基本技能，它包括对课堂教学设计、教学目标、教学过程、教学行为、教学效果等的反思。这种教学反思，不是简单的教学步骤的回顾与教学经验的小结，而是对整个高校英语课堂教学的全过程进行反思，与此同时，能发现问题、正视问题，直至最终解决问题。只有高校英语教师不断地对自己的课堂教学进行反思与评估，分析其中的或缺之处，提出改进方案，才能不断努力成为“生态型”教师。

三、高校英语课堂教学中教师生态角色的定位

（一）扮演好高校英语课堂中生态关系“协调者”的角色

师生关系、生生关系、学生与教学环境关系等是高校英语课堂中几种主要的生态关系。在教学过程中，教师应认识到自己与学生同为课堂生态系统中重要的生态因子，是有相同的权利与人格的。基于认识与职责，教师需要协调各种课堂生态关系，给予学生足够的理解与尊重，尽最大可能以公正、理性的态度来对待所有学生。教师除了要与学生建立起民主、平等的良好关系外，还应对学生之间的协调关系及发展给予高度关注，在消除彼此之间矛盾的基础上，为学生创设团结互助、积极向上的学习环境。

（二）扮演好各项学习活动“引导者”的角色

随着社会的快速发展，学生获取知识的渠道也越来越多样化，教师的职能也逐渐从传统的传授知识及思想教育转变为学生各项学习活动的引导者。基于此，为了让学生学会学习，成为学习的主人，教师就需要创设良好的探究学习氛围，对学生自主探究及学习能力进行全面培养，在促进其问题分析与解决能力提升的基础上，实现学生

良好学习习惯及正确思维观念的养成，从而引导学生自主学习。除此之外，教师还应帮助学生开展社会实践活动，锻炼学生应用英语的能力，这也是英语教师引导学生发展的重要目标之一。

（三）扮演好学生学习热情“激发者”的角色

在现代教育理念的影响下，教师除了要传授学生知识，扮演好引导者的角色外，还需尽最大可能激发学生的学习热情及自主性思维。当前，信息技术发展迅猛，在促进社会进步的同时，也给学生带来了各色各样的诱惑，分散了他们注意力，导致其学习兴趣缺失。针对这一现象，教师就需要采取一系列行之有效的方法来激发学生的学习热情。而为了达到让学生对前沿领域的资源学习及新课题的研究产生浓厚兴趣的目的，教师就必须提升网络技术水平，学会熟练使用多媒体设备，并借助其丰富教学内容，让自己的教学方式更能为学生所接受，从而进一步激发学生的学习热情与兴趣。

（四）扮演好促进学生知识迁移氛围“营造者”的角色

生态学理论显示，当一个物种发生进化后，与其相关的物种同样会出现协同变化。而在属于特殊生态系统的高校英语课堂中，则体现为学生、教师、课堂环境等生态因子的变化。当前，教师单方面传授知识的权威性愈发减弱，而作为课堂活动实践者的学生，不但担负着主动生成及建构知识体系的任务，同时也体现了课堂教学的效果，因而具备重要的生态意义。基于此，教师就需要扮演好促进学生知识迁移氛围“营造者”这一角色，确保学生在开放、和谐的生态课堂中开展学习。

例如，在学习第三册《新世纪大学英语综合教程》的“ What is Friendship”时，教师可通过一首《Auld Lang Syne》歌引出本堂课将要学习的话题——Friendship(友谊)；随后，教师让学生以小组的形式围绕“友谊”展开交流与讨论，并鼓励每个学生积极参与。教师可为学生提供“What kind of person would you like to make friends with？”“How can we maintain the long-term friendship？”等参考话题。在气氛热烈的讨论中，一些比较害羞的学生也可以参与进来，与其他同学展开协作交流，共同实现了英语口语交流能力的锻炼与提高。在学生对“友谊”这个话题展开激烈讨论时，教师可有意识地导入课文知识，引导学生对课文的结构进行分析，并总结课文所表达的中心思想。接下来，教师可以让所有学生对课文内容进行认真阅读，而自己只对学生需要重点掌握的单词、词组及句型等进行搜索，引导学生梳理文中提到的几类友谊据此展开深入的讨论与学习。

这种方式不但为学生营造了一种以自主探究、团结合作为主的生态课堂氛围，而且在小组交流讨论的过程中，让学生充分感受到了通过自主探究获得知识的成就感以及与其他同学展开合作获得成功的愉悦感等。教师成功促进了学生知识的有效迁移，一步步引导全体学生参与到学习中来，并为其组织相应的学习活动，使他们在潜移默化中形成一套属于自己的知识体系，将促进学生知识迁移氛围“营造者”这一角色进行了很好地诠释。

（五）扮演好学生学习“合作者”的角色

对于广大教师来说，向学生传授知识，使其形成正确的人生观、价值观只是工作之一，实现教学相长则为教学工作的本质所在。在高校英语课堂教学中，教师扮演旁观者的角色，尽管能让学生占据主动地位，却存在不足之处。例如，有的学生由于自身英语能力及水平不高，在与其他同学的交流与探讨过程中，可能会发生语法错误，但教师受到“旁观者”这一角色的限制，难以及时纠正错失。教师在扮演“旁观者”的角色时，会对学生自信心及安全感产生不良影响，进而导致学习信心的降低。基于此，教师应扮演好学生学习“合作者”的角色，有意识地加入各个学生小组的交流及讨论中，尤其需要注意的是，教师要通过建议的方式委婉指出学生的错误，切不可随意打断学生对话，以免影响学生的学习积极性及自信心。

四、生态教学观引导下高校英语教师教学优化

（一）树立从师任教意识

高校英语教师只有具有从师任教的意识，才能在在校期间自觉践行教师专业发展的行动。学科教学论、教学法课程以及担任课程的教师对学生的影响是很大的。教学管理者应该注重教师从师任教意识隐性课程的开发。为了树立他们从师任教的潜意识，帮助他们更好地开展教学活动，可以适当播放“陶行知”“蔡元培”“海伦·凯勒”以及有关“这里的孩子早当家”“老师，听我讲”等视频节目，对学生的心灵起到极大的震动作用，使其明白一名优秀的高校英语教师对教学工作的重要价值。学校可以向教师发放小黑板供学生练习板书、简笔画等，还可以发一些优秀的教材供他们潜心研究。除传授教育教学理论知识和方法外，教师应重点立足于培养学生的课堂教学技能。教学的科学性和艺术性只能建立在教师广博的专业知识和熟练的教学技能基础上，毕竟其备课、说课、上课、评课能力和课堂组织教学能力是他们未来就业的核心竞争力。因此，树立教师的从师任教意识是潜在激发他们成为未来教学名师的长久的内在动力。

（二）构建生态课程体系

胡春润教授指出，英语教学法是一门发展中的学科、多边缘的学科、实践性很强

的理论学科。英语教学论的教学目标、教学内容、教学形式、教学手段和教学评价应随基础教育教学改革不断变化发展，它与哲学、教育学、心理学、语言学、社会学、人类学有密切的联系，它要面向学生实际，解决实际问题。它不仅是一门课程，也是一门学科，更是一门艺术，它是集学术性、师范性、示范性和人文性于一体的前沿课程。为了达到这一目标，教学管理者应构建英语教学论大课程观，融理想课程、正式课程、领悟课程、运作课程、经验课程于一体，集理论课程、实践课程、显性课程、隐性课程、长学期课程、短学期课程于一体，提高课程的实效性和实用性，促进课程的可持续发展和学生教育教学能力的提高，从而达到课程与教学在师范与示范层面的本体意义回归。不同的课程结构基本构建了校内与校外、教师与学生、理论与实践、显性与隐性、静态与动态、课内与课外相结合的生态课程体系，有助于更好地将英语教学与实践教学融为一体，促进教师专业化发展，凸显生态化的课程体系。

（三）改革课堂教学方法

英语教学论课程应凸显“教师为主导、学生为主体、训练为主线”的特点。该课程兼具前瞻性、理论性、实践性、操作性、示范性诸多特点，这就要求教学论教师采用多元教学方法。唯有如此，英语教师才能建构自己的教学理论基础，才能将理论内化为信念和观念，转化为个人知识，才能切实提高教学实践能力。对于缺乏教学经验的高校英语教师而言，要实现英语教学理论知识的个体化，就要重视在学习过程中将理论内化为观念，重视在教育实践中使用和检验理论，并在理论的使用与检验过程中使自己的教学行为不断熟练化，将理论外化为熟练的教育行动。针对英语教育理论知识，教学论教师采用让学生自主学习原版英文教材后集中解答他们的疑难问题的方法，有助于提高他们的英语水平。教学论教师可以邀请课标研制专家、课程改革专家、英语教学专家、优秀教师进高校课堂给教师进行指导。专家引领报告和教学观摩活动能让教师从中学到许多书本上、理论知识中学不到的东西，促进教师教学经验的提升。这是帮助教师加深对英语教学的认识、提高英语教学能力最为重要的实践活动。教师还可以适时组织教学人员开展教案撰写、教学设计、说课和评课等竞赛活动。这种集教学论教师、课程专家、音像资源于一体的教学者能传授给教师多元教学方法，使他们真正做到集众家之长、扬个人之长，彰显课程的多样性和可持续发展性。

（四）实施多元评价机制

课程评价基于终结性评价、形成性评价和三维评价（教师、学生、同伴）三个部分。终结性评价和形成性评价为刚性评价，教师、自我、同伴三维评价为柔性评价。

终结性评价、形成性评价和三维评价之比分别为30%、50%和20%。终结性评价采用课程学期测试，包括外语教育学、国外教学法流派、英语新课程、本土教学法、学期论文等。形成性评价包括课堂学习、课外活动、教师素质三个层面。课堂学习涵盖出勤、参与讨论、课堂发言、试讲试教等表现；课外活动涵盖课件制作、教学简笔画、教学视频观摩、资格教学、文献阅读、教育调查等；教师素质涵盖教师仪态、教学用语、歌曲演唱、公开演讲、教案撰写、教学设计等。在20%的三维评价中，教师评价、自我评价和同伴评价的比例分别占50%、30%和20%。学生的最终课程成绩评价由终结性评价、形成性评价（刚性评价）和三维评价（柔性评价）三部分加权平均合成。该课程实施多元评价后，改变了过去较为单一的评价方式，体现了生态课堂的动态开放性、多样性和系统共生性，在很大程度上提高了教师的职业能力，能有效地促进、激励和改善教学功能，真正做到通过评价促进教师教学水平的提升，使高校英语生态课堂呈现出勃勃生机。

五、新媒体环境下高校英语教师的生态建设

（一）新媒体时代下的高校英语教学生态

以教学资源、教学媒体等为主的教学总体环境以及以教育者、学习者为主的课堂环境之间互相关联、互相作用，同时形成了可持续成长的课堂生态系统。传统高校英语教学系统在生态学角度可以概括出以下特点：①师生间关系单向、不平等，教师处主导地位，统领整个教学过程，学习者则身处被动地位，接受自上而下传授的知识；②教学价值目标趋于功利性；③外界环境相对封闭。这些对学生的学习内需形成和进步不利。而在新媒体时代，以教学资源、教学者、学习者等生态因子为主的高校英语教学生态系统，以英语课堂为媒介，利用新媒体实施动态教学并传递信息，从而保证高校英语教学系统的有序运转。其中，外界资源主要包括硬件设施、教学网络、课件、教参材料等实物和信息资源。高校英语课堂环境中的重复运动是在“教学资源”“教学者”“学习者”三者之间产生的双向非静态运动。

（二）新媒体时期高校英语教师角色定位

随着科技的持续发展和进步，各种新媒体逐渐出现在传统的英语课堂中，如投影仪、交互式电子白板、微课、慕课等，与此同时，教育者的定位也在新的时代特点下呈现出新的多元化特征，从而对过往的定位提出了不同的要求和极大的挑战。这需要广大英语教育者重新审读并定位教师角色。以下基于教育生态学理论，分析新媒体环境下教学者的角色定位，以期构建一个公开、和谐、互动的高校英语课堂生态系统，

激发学习者的学习兴趣，改善传统模式下的高校英语教学成效。

1. 教师是课堂生态环境的协调者

学习者是教学重复运动中的重要生态元素，在这个特殊的系统中，其身份和权利都表现出与教学者的一致性。教师作为教学生态主体，是不可替代的主导因子。因此，要突显教师生态位，更新教师固有教学理念非常重要。在实践教学中，教师不仅要平等对待每个学生，还要热爱学生、尊重学生，并始终坚持以学生为本的教学理念，构建平等、民主、合作和互赢的新型生态师生关系。

2. 教师是教学资源的建构者

新媒体环境下，原有的英语教学出现了新的模式，教学者的角色定位也发生了改变。因此，教师应适时调整教学任务和课程设计，积极开发新的教学资源，如微课、慕课、多媒体课件和练习库等，以此作为教学辅助手段，提升教学效率和效果。同时，也可通过网络平台创建英语练习题库，以检验学习效果为主，提供听、说、读、写、译等不同形式的练习。教师可按需从数据库选择题目，组织单元测试或组织期末课程测试。教师要与时俱进，跟上时代发展步伐，及时收集、更新和整理相应的网络教学资源，并分享给学生，同时关注学生在使用资源过程中的各种情况。英语教学应突显实用性，体现创造性，教师可以依靠新媒体资源，适当修改教材、调整教学大纲、丰富教学内容、完善评价方式，因地制宜，以满足应用型大学人才培养的需求，建立多元化、立体化、生态化的高校英语课堂。

3. 教师是学生学习的促进者

新媒体时代下高校英语教师的角色从知识灌输者摇身化为知识传播者，从学生学习的包办者变为教学对象学习的引导者。在教学过程中，他们应充分挖掘学生潜能，激发学生的学习热情，调动其学习积极性，营造合作、探究、互助、和谐的生态课堂教学环境，并以此为课堂教学基础，培养学生独立的学习、协同、合作能力，加强感性激励，鼓励学生探究实现学习目标的途径，努力成为学生学习的鞭策者。教师要积极探求各种有效影响因子，潜心研究分析教学对象，明确把握并加工处理课堂生态环境中各个元素之间的关系。与此同时，教师应不断提升自身的专业技能，与时俱进，掌握前沿的文化知识，提高自身素养，构建有效课堂。另外，由于网络的普及以及微课、慕课的大量兴起，网络上的各种教学资源浩如烟海，教师要辨别、选择，加工出有用信息作为教学的重要资源。同时，构建高效知识传递路径，切忌从、信网络资源。另外，教师要积极培养学生自主学习能力，帮助学生确定合适的学习策略、学习进度和学习目标，提高课堂效率。

4. 教师是学生学习兴趣的激发者

兴趣是学生学习的动力。教学者与学习者之间对等共赢的关系是高校生态英语课堂教学的基本特征，师生处于对等地位。在教学过程中，教师应选用合适的教材，精心设计教学内容，注意传授与接受的关系，注意理论知识与语言交际能力的关系。从总体上培养学生的语言运用能力，避免偏向集中发展了某项技能。更大地完善课程内容，使之更具时代感、针对性和实用性，活跃学生思维。丰富课程内容，组织多种练习形式，实现个性化要求和因材施教的学习目的，制定多元化的课程设计，带领学生积极投入教学过程，把大学讲堂转化为理论传授和双方情感交流的生态场所。生态化的高校英语课堂气氛和谐、公平、放松，老师应致力于构建师生间、生生间互助、合作的关系，实现教师与学生、学习小组乃至整个班级的学生，以及学生与学生、学生与学习小组间的交流、合作，以实现共同进步的目的。这样的课堂教学气氛有别于传统的一成不变死气沉沉的课堂教学，而是融洽的、公开的、平等的和互助的，学生可以通过与人合作和探究，获得相应的成就感，增强自信心，产生归属感，激发学习热情，带动学生的自主性，提高学生外语学习的兴趣，创造积极正向的高校生态英语教学课堂。

5. 教师是学生学习能力发展的促进者

教育生态学是一种全新的教学理念，全面分析学生的具体情况和基础知识掌握程度，重视基本技能训练，培养学生良好的道德品质和个人素养。新媒体环境下，网络资源为教师和学生提供了丰富的材料，教师可以根据学生的具体情况，制定适合学生发展的学习目标和方法，选择配套练习，加强语言技能训练。同时，教师也可以从网络上下载更新教学资料，不断调整和丰富教学内容，与学生共享教学资源，也可适当与学生探讨教学、交流学习经验。通过多媒体的延伸，引导学生走向更宽广的知识海洋，鼓励学生主动获取知识，培养学生可持续发展的能力，使之顺应大环境发展的步调，达到当前产业界对高级外语人才的各项标准。在此过程中，教学者是其教学对象学习能力发展的促进者。

（三）新媒体环境下高校英语教师的生态位建设

当前，由于新生代网络技术的推陈出新冲击了固有的高校英语课堂的教学形式，再三强调尊重学生的主体生态位，教学的首要任务就是要培养学生的自觉主动学习能力和长期持续学习能力。在高校英语教授大环境下，每一个组成部分都有独立的生态位，要积极配合优化高校英语教育工作者生态位建设，正确定位教师角色，明确教师地位，转变教师教学观念，提高教师教学水平，构建和谐、互助、可持续发展的高校英语生态课堂。以下提出几点新媒体环境下高校英语教师的生态位建设措施，希望对广大英语教育者起到一定的帮助作用。

1. 明确新媒体在高校英语教学中的地位

新媒体应用可以说是一把双面刀，给传统的高校英语教学带来了新异的教学方式和新鲜血液的同时，使原有的教学生态系统滋生出一些不良现象，很大程度上影响了教师的生态位，阻碍教学人员、学习者的长期性发展。例如，部分教学者过分依赖新媒体技术，将电子课件作为教学的唯一手段，课堂成了播放PPT的载体，难以吸引学生兴趣，导致课堂效率低下。另外，有些大学生过度依赖互联网，借助网络平台进行作业抄袭、英文写作等现象屡见不鲜。要消除新生代媒体技术对高校英语课堂教学生态系统的不良影响，就要综合、科学地认识和确定多媒体技术在高校英语教学过程中的地位。传统的高校英语教学生态系统引入新媒体技术，有效改善了知识传播的环境，丰富了知识吸收的形式，加快了高校英语面对面教学改革的步伐，深入贯彻落实了大学英语素质教育的方针，但必须时刻警惕，在享受新媒体技术带来的便利的同时，要尽力避免其带来的种种弊端，明确各种非传统技术在高校英语课堂中仅为辅助作用，不能过度依赖新媒体，而且新媒体设备也不能忽略成本盲目增加，必须坚持适量原则，以满足于师生和教学为目的。

2. 教师教学观念要与时俱进

当前，在信息化的高科技社会，高校英语教师深刻感受到终身学习的紧迫性，其观念体系受到巨大震动。因此，要重新调整观念，与时俱进，主动出击，不断反思，明确自身在英语教学中的生态位，采取各种方法，全面提升个人知识水平和能力素质，重复思考，革新教学理念，并做出科学合理的调整。广大教育者要正确认识新生技术在高校英语课堂教学中的作用和影响，改良授课模式，凸显新生媒体技术在高校英语教学中的积极作用。不断自我反省和提高，深入分析教材内容、学生的学习行为、教学方法等英语教学中的生态因子，扬长避短，总结不足，加强改进。因此，高校英语教师要努力进行自我提高，以实现自我价值，构建生态课堂，提高高校英语教学水平。

3. 恰当利用新媒体技术

新媒体环境下，要构建生态英语课堂，就要形成教师、学生、教学资源各要素间相互补充、相互支持的高效课堂。充分利用新媒体技术，丰富授课方式，构建多元网络课程平台，打破教学时空界限，拓宽授课内容。引入慕课、微课等新型课堂形式，打破传统，不断采用新型授课方法，为学生量身打造个性化学习环境。全方位考虑不同学习者的不同学习基础，因材施教，创建教师和学生之间互动的高效、生态英语课堂。目前，大部分高校英语教育者对新媒体技术的掌握程度并不高，具体体现在高校英语教师对新媒体技术认识不足、新媒体素养不高、难以适应并满足学习者学习需求，难以获取英语课堂的生态平衡等方面。部分高校英语教师资历老、因循守旧，不接受新媒体技术，或者自身学习能力较弱，难以获取新媒体环境下的信息搜索、筛选以及整理的能力，不懂如何制作新技术教学文件，更不会自觉主动分析和处理音频影像等教学资源。部分高校英语教学者甚至因为不懂这些技能，而产生一种排斥心理，拒绝使用新媒体技术。然而实践证明，新媒体环境下的各种教学资源，包括多媒体课件、微课、慕课、音视频等以其图文并茂、声色俱全的个性特征，能够极大地满足学生学习之需，充分提升学习者外语学习的自觉性，使学习者变被动为主动，从而改进英语课堂教学成效。站在教育生态学的角度来看，多媒体课件作为一种课程资源，成为高校英语生态课堂中不可或缺的生态角色，这在某种程度上降低了传统教科书和英语教师的生态位。因此，重新调整自身的生态位，正确认识新媒体技术的重要地位，并加以充分利用，发挥两者最大的合力作用成为当代高校英语教育者的关键任务。同时，学校应丰富教师的培训平台，提升教师的教学水平。第一，重视岗前培训。即新毕业的高校英语教育者应该在真正实施教学活动前参加培训，掌握新媒体技术，跟随时代发展步伐，学习并加以应用当前最新的教学理念、教学手段和教育资源，将新媒体技术与高校英语课堂教学灵活交织在一起，形成一个高效，动态的生态英语课堂。第二，在职教师培训。学校要积极为在职教师开展不定期的专业培训。委托相关培训机构，举办各种形式的在职培训，帮助高校英语教育者熟悉并掌握目前最新的教学理念，及时更新、放弃过时的教学思想和观念，提高自身的新媒体技术基本素养。

第二节　以学生为主的建构方法

一、学生主体论

（一）主体

学校里教师与学生、学生与教师、学生与学生的交往是主体的交互作用。一种教育思想认为，教师与学生交往往往是教师作为主体对学生客体的作用过程；另一种教育观认为，学生教师交往应是以学生为主体，教师故意隐退为客体的过程。学校教师与学生之间理应是一种交互主体，只承认教师主体或只承认学生主体是工业经济社会的结果。但由于年龄的差异而造成教师是学校的强主体，学生是学校的弱主体。教师和学生之间的主体体验，可分为两种：教师对师生互往的经验和学生对师生互往的经验。前者作为课程资源主要是通过教师进入课程活动中；后者作为课程资源则主要通过学生进入课程活动中①。

主体概念有两层意义：一是指事物的主要部分；二是指与客体相对的哲学范畴，主体指实践活动和认知活动的承担者，客体则是主体活动所指向的对象。从古希腊，尤其是近代以来，主体的语义历经演变，在现代与后现代语境中构成了西方哲学和文论话语的一个关键性概念②。人、主体、自我是既相联系又相区别的概念。人不等同于主体。在古希腊哲学中，主体并不专指人，任何实体都可以作为主体而存在，唯其主体和人不直接同一，所以在古希腊哲学中没有专指人的能动创造性的主体性的概念。主体不是个实体性范畴，而是价值关系范畴。人作为一个主体并不在于他是一个实体性的人，而在于他与世界的关系中处于一种能动性的地位，如果失去能动性的地位和对世界的积极主动的关系，人尽管还是人，却不会是主体。可见，主体之所以成为主体，即在于主体性的存在。

（二）主体性的概念只是近代历史和近代哲学发展的产物

近代哲学从理性和自我意识的角度来理解主体，主体性被归于意识性，在此就形成了哲学史上的认识论转向，主体性理论的发展进入认知主体性的阶段。而黑格尔哲学的困境表明了认知主体性理论的局限，因此回归人的存在，弘扬价值理性，就成为主体性理论进一步发展的必然。T. 里根就提出了“生命主体性”理论，海德格尔的生存论转向则标志着生命主体性理论的最终确立。可以说，从古希腊的实体主体到近代的认知主体，再到现代的生命主体，构成了主体理论发展的历史过程，体现了哲学从本体论到认识论，再到人本学的转向。

主体性是人性更深刻、更高级的层次，是人性的核心内容，马克思说过，主体性是人的最本质属性。从社会实践的角度看，主体性是人作为活动主体所具有的根本属性，它包含的内容是主体自觉活动中不可缺少的能动性、自主性、自为性等。其中，能动性侧重于主体能力，表现为主体活动的自觉选择和创造；自主性侧重主体权利，表现为主体对活动诸因素的占有和支配；自为性侧重于主体目的，表现为主体活动的内在尺度和根据。只有三者的结合和统一，才构成完整的主体和真正的主体性。这点

① 范兆雄．课程资源概论[M]．北京：中国社会科学出版社，2002：19.

② 赵一凡，张中载，李德恩，等．西方文论关键词[M]．北京：外语教学与研究出版社，2006：867.

对于我们认识学生主体具有方法论的指导作用。学生主体性的呵护与培养端在于这三者（能动性、自主性和自为性）的有机组合。而在学校教育领域中，学生主体是相对于教师主体而存在的，也是与学生主体而相互存在的，这就必然涉及主体间性问题。

（三）主体间性

现代哲学又进一步深化，从主体性向主体间性的转化是当代哲学发展的历史趋势。主体间性成为哲学问题的根据在于人的存在论。只有关涉人的哲学才能论及主体间性。主体性和主体间性都是人本质的本体论存在方式，主体性意味着主体间性。主体间性理论可分为四种形态：伦理学形态、认识论形态、生存论形态和社会历史形态。[①] 人的存在基于人的生成；主体的存在奠基于人化的活动、人化的能力和人化的需求；主体之间的存在则奠基于人的类存在本质和人的社会本性。而人不仅需要现实的、科学的存在，也需要诗意的栖居。显然，在职业生涯指导课程的内容设置方面，就主体性而言，我们应培养学生对于自我的认识，这对于他们协调自我与他人、自我与社会等的关系方面都是至关重要的。正像德尔裴的阿波罗神庙里那句千古箴言所说：认识你自己。这表明，早在古希腊就已形成对人之所以为人，即把人作为本体来看待的认识论哲学，因此人的主体性观念并非始自近代，即并非伴随现代性而产生的一个概念。为了加强他们对自我的认识，免得他们在面临择业时作出大而无当的举措，应加强他们的体验，包括主观体验和客观体验。

詹姆斯曾用“经验自我”来指代人们对他们自己的各种看法。经验自我包括三类：物质自我、社会自我、精神自我。物质自我是指真实的物体、人或地点。物质自我可分为躯体自我和躯体外自我；社会自我指的是我们被他人如何看待和承认；精神自我是我们内部或心理自我，它指所感知到的内部心理品质，代表了对自己的主观体验。显然，正确处理主体间性须以解读主体自我为首务，即要有清醒的自我认识，而自我认知的重要来源有三：物理世界、社会世界及思维和情感的内部（心理）世界。学生主体的思想探索、道德探索和审美探索是臻于至境的必由之路[②]，对此应有充分的认识。探索须以创新意识为始基，无论是择业、就业或创业均须如此。

二、以学生为中心的高校英语生态课堂

（一）丰富教学内容，寻求整合与发展的教学目标

课堂教学目标是以系统的方式存在，是一个有教学总目标、学校总目标、课程

---

① 李楠明．价值主体性——主体性研究的新视域[M]. 北京：社会科学文献出版社，2005：17.

② 龚光明．翻译认知修辞学[M]. 上海：上海交通大学出版社，2012：41.

目标、单元目标和课时目标组成的具有递进关系的系统。综合运用语言的能力是建立在语言知识、语言技能、学习策略、情感态度和文化意识等多种素养整合发展的基础上。课程教学内容，是实施教学目标的一个重要手段和体现。因此，为了实现教学目标应该丰富教学内容。在课堂上，不但要关注语音、词汇、语法、功能及交际的语言知识，更要关注听、说、读、写等语言技能，学生学习英语的信心、动机、意志等情感态度的变化，英语做计划、复习、元认知等学习策略的训练及跨文化交际意识的讲授和培养等。教学内容应强调发展学生语言综合运用能力的基础上，着重提高学生用英语获取信息、处理信息及分析问题和解决问题的能力，特别注重提高学生用英语进行思维和表达的能力，形成跨文化交际的意识和跨文化交际的基本能力，并帮助学生形成健全的英语情感、态度、价值观，为未来发展和终身学习奠定良好的基础。

（二）创造性解读英语课程，处理教材与课外学习资源之间的关系

教学是师生之间，教师与教材之间以学生与教材之间相互作用的过程。在生态教育的视角下，教材不仅是教师与学生之间的媒介，教材本身也是对话者。它强调教材作为师生不是消极的、被动的、静态的东西，而是能积极地、主动地发挥的东西。建构主义认为，学习不是教材知识由教师向学生的传递，而是学生应该主动地获取教材的意义，通过有意义的学习和训练把教材的知识内化为自己的知识。因此教师在课堂上，应该钻研和精读教材，充分领会教材的编写意图，并研究高中英语新课程标准，把握教材的重点、难点和关键点，而不能照搬教材。要创造地解读和使用教材，根据所教学生的实际情况，对教材内容进行语言的转换、内容的取舍、内容的增补及内容的调整和再加工。同时，要处理好教材与课外学习资源之间的关系。教材是国家课程中心经研究由专家和一线教师编写的，符合学生的认知需求，也是训练语言基础知识和基础技能的重要参考；课外资源一般是以习题的形式进行编排，是课程内容的补充，是学生对课堂内容消化、吸收和检验的重要方式。因此在高校英语课堂上，英语教师应以教材为主，在基础知识和基础技能训练的基础上，进行课外学习资源的扩展，这样才能收到良好的教学效果。

（三）变革教学方式，注重教学过程的互动生成与发展

生态学的观点认为，教学应该打破“满堂灌”的局面，课堂教学应该是教学互动与相长的活动。在高校英语课堂上，教师应努力唤起学生的主体意识，充分调动学生学习的积极性、主动性，并自动参与英语课堂活动，建立起师生互动、生生互动的课堂局面；教师也应该不断学习和反思课堂教学，促进自己的教师专业发展。这种课堂是通过师生之间的话语、信息的交流，提问的方式、课堂活动的设计、课堂讲解的内

容及精神交往来实现的。生态的英语课堂，教师应该变革传统的教学方式。通过与学生的对话、提问、讨论、小组合作学习、角色扮演等学习方式，丰富与学生生活经验相关的教学内容、改善教学方法和提问方式等，充分调动大学生的英语思维能力，将教学过程变为师生积极互动，师生主动交往，促进和谐师生关系生成及共同发展的教学过程。

（四）完善课堂评价体系，关注大学生的全面发展

评价不是教学的目的，而是促进学生发展的一种手段。为了更好地评价学生，以促进学生的发展，必须完善课堂教学评价体系。首先，使评价主体多元化。传统的评价主要是老师说了算，学生成了被动的评价者。在课堂教学实践中，应让学生参与到评价的过程中，使他们自己在参与评价中，对照自己，发现问题，确定改正的方法。同时，学生在参与评价的过程中，也会提示和建议别人，从而实现评价功能向学生内在需求的转变。其次，评价手段和形式应该多样化。在新课标中，英语的总目标是培养学生综合运用语言的能力，而当前英语教学，学习英语的效果主要是通过分数来实现。在英语课堂上，教师应注重学习过程的变化，多观察学生，为学生创造参与教学活动的机会，客观公正地评价学生。对学生在课堂发生的变化，应及时具体有针对性地给予鼓励或批评，这样才能激发学生的学习积极性，使学生在每节英语课上都能感觉到自己的变化，同时使自己对问题的认识提升到一个新的高度。再次，评价的内容要全面。英语课堂上学生不仅仅是一种单纯的认知活动，也涉及到学习者的情感、态度、价值观、跨文化交际意识等。目前很多学校，把考试作为评价学生学习效果的主要手段，甚至是唯一手段，将量化结果根据考核的内容来测定。这种局面，不能全面地反映学生英语学习状况，也不能促进学生的全面发展。因此，为了较为全面体现学生的发展与变化，高校英语课堂不但要评价学生的语言知识、语言技能掌握与否，也要关注学生学习策略、情感态度及跨文化交际意识及能力的变化，同时要关注学生个人修养、素质和人际关系的提升及自主、合作和探究能力的发展。

第三节　以环境为主的建构方法

一、英语教学中的校园英语环境建设

良好的英语环境对于学习者起着潜移默化的作用，为学生提供尽可能真实的材料

和尽可能真实的语境，已经成为当前高校英语教学面临的一项任务。为此，我们有必要从英语教学与日常生活的环境入手，对学生每天接触最多的校园软硬件环境进行改造和建设，使之成为有利于英语语言习得的外在因素，并最终激发学习者自觉提高英语综合素质的内在动力。

（一）英语教学与校园硬环境的建设

校园硬件环境主要是指校园及课堂的基础设施和教学环境，是学生每天学习生活的主要场所，加强硬件设施的英语环境建设，最能激发学生的英语学习兴趣，培养他们理论联系实际、学以致用的实践能力。例如，在校园的各处建筑、景点、教学和办公等场所可以布置双语的标识牌，外语教学单位的宣传板或通知栏中都可以使用英文作为工具语言，营造出英语学习的浓厚氛围，培养学生对周围事物的语言认知。在图书馆、电教室等学生学习场所，可以提供英文杂志和原版书籍阅览、英文原声影视音像等英语资源，让他们在寓学于乐中增加对英语的感性认知。在学生的日常生活场所，还可以建立英语角、英语沙龙、英语咖啡屋等交流空间，吸引和鼓励中外学生互动交流，让英语走出课堂，走进生活，为学生提供以英语为交流工具的真实环境，提高他们对日常生活的英语语言学习的水平。同时，在校园硬件环境的各处细节中，也要有融入英语的意识，校园广播安排形式多样的英语节目，电视频道里增加英语新闻频道，校园网设有英文网站等，这样便可以让学生随时随地置身于英语的环境中，在潜移默化中培养英语语言习得和使用习惯。

（二）英语教学与校园软环境的建设

校园英语软环境建设主要是指英语语言及相关文化背景知识在日常教学和生活各个环节中的合理使用和有效介入，对于促进学生形成英语语言习得具有示范引导的作用，有利于培养学生的跨文化交际意识，因此在高校英语教学中常常取得比传统英语教学更为显著的效果。首先，教师要保证在高校英语课堂中全程使用英语授课，鼓励和督促学生使用能力范围内的英语进行课堂互动，在教学中合理使用英语教学课件和辅助设备，创造一个用英语思考和研究的教学氛围。其次，在课堂以外教学及教辅人员要处处起到模范带头作用，英语教师在校园中可以英语作为主要交流语言，给学生课下答疑或课外辅导尽量使用适合学生水平的英语表达，只有教师起到时时用英语的表率作用，学生才会达到处处练英语的学习效果。另外，校园学习生活中我们还应该为学生更多的安排与英语有关的学习和文化活动，如组织各类英语演讲、影视配音、翻译比赛等，让学生在竞争中认识自己的不足，增强英语学习的进取心；组织各类与英语和西方文化有关的戏剧表演、文化节、创新实践活动等，让学生增强英语兴趣，开拓文化视野，提高应用水平。当然，校园英语软环境的建设还远远不止这些，学校、院系和教师必须注重影响学生英语水平的环境因素，处处为学生创造有利条件和实践机会，只要想到并做到这点，高校英语教学水平便一定会从一点一滴的量变达到质变的飞跃。

创设良好的校园英语软硬件环境具有情景真实生动、语言丰富多样、理论实践结合紧密等特点，不仅可以丰富教学资源和教学手段，极大地提升学生学习英语的积极性，还有利于学生在生动真实的语言环境中感受到地道的英语语言表达，获得语言知识，并了解所学语言的运用环境，在潜移默化中提高英语综合运用能力和实践水平。

二、社会文化生态环境与语言教学

（一）语言与社会

语言是社会的内在属性，所以我们对社会文化生态环境能够影响语言能力并不感到大惊小怪。作为人类交际的语言是一种社会现象，它与社会有着十分密切的关系。语言与社会的密切关系主要体现在以下几个方面：

第一，语言是社会的产物。语言是随着社会的形成而出现的。人类自存在的第一天起，就必须与自然力进行斗争，以取得生活资料。在与自然力进行斗争的过程中，为了达到支配和改造自然界的目的，人们不得不联合起来，组成集体，以便共同行动和相互帮助。形成集体后就需要有一种媒介来传递和交换信息，以协调人们的共同活动。这样，作为交际工具的语言便出现了。换句话说，语言正是为了满足人类社会交际的需要而产生的。第二，语言是社会约定俗成的。语言是由音、形、义组合而成的一种符号系统。符号系统内，音义的结合带有一定的任意性，即语言是由一个语言社团的人们约定俗成的。例如，阿拉伯数字“1”，在汉语里是“yi”（一/壹），而英语则用“one”来表示，而在法语里则是“un/une”；我们所说的“地图”，在汉语则读ditu，而英语用map，俄语则是kapa。因此，形式和意义没有必然的联系，任何语言都只是使用该语言社团的约定俗成而言。第三，语言随着社会的发展而变化。语言的变化与社会的发展有着密切的联系。社会结构的变化、社会制度的变革、社会生产和科学技术的发展，以及商业的扩大和教育的普及等，都会促使语言产生一些相应的变化。语言的这种变化主要体现在语言的交际功能和语言的结构系统两个方面。在语言的交际功能方面的变化有诸如语言的方言分化和增多、语域的形成与扩大等；在语言的结构系统方面的变化则具体表现在旧的语言事实的消亡和新的语言事实的出现，以及部分语言事实的改变等。语言结构系统方面的变化在词汇方面体现得尤为明显，如由于社会的发展，英语中的 knight（骑士），foe（敌人），coach（四轮大马车）等词语已不在或不常在现代英语中使用；而像 generation gap（代沟），picture- phone（电视电话），super- market（超级市场）等新的词语则越来越广泛地出现在现代英语中。

长期以来，语言学重在研究语言本身，如语言的语音、语义、语言的结构、语言的历史、发展乃至演化等，即研究的对象是索绪尔提及的“语言”，而不是“言语”。在美国，无论是 1960 年以前的结构主义语言学对“语言结构”的研究，还是 1960 年以后的乔姆斯基对“语言能力”的研究，大致都撇开了语言的社会环境、社会制约。这种情况从 1960 年初开始发生了一些变化，重心逐渐从结构转向功能，从孤立的语言形式转向在社会环境中使用的语言形式，从而导致了一门新兴的语言学边缘学科即“社会语言学”的出现。

（二）语言教学与社会文化生态环境

英语学习社会环境主要指学生所处的国际大环境、社区环境和家庭环境，也包括国家政治、经济、文化及教育政策等现实环境。社会环境对英语教学有着不可替代的导向作用。从某种程度而言，社会环境直接制约和影响英语教学的产生、发展及命运。当代社会，随着世界经济一体化，商务、文化、旅游、科技等领域国际交往的日益增多，世界已经发展为一个名副其实的“地球村”，这就直接导致了对外语人才的大量需求。世界各国越来越多的有识之士已经认识到，外语不仅仅是学校里的一门学科，更是日后社会生活和个人发展的一种必需。这种共识成为许多人学习外语的强大动机，推动了我国英语教学的发展。与此同时，我国教育行政部门也更重视外语教学。英语教材编写体制的改革，英语教学设备的更新，英语教学条件的不断改善，使学校环境不断得到改善，从而促进高校英语教学的发展。

（三）高校英语课堂教学语言生态环境的拓展

1. 利用英文原版电影进行英语教学

英文原版电影语言真实、诙谐幽默，是促进高校英语教学的有效手段。一部好的英文原版影视作品既能涵盖英语语言学习中的语音、语调等要素，又能通过有声有色的画面反映英语国家的社会文化和风俗习惯。在高校英语教学过程中，英文原版电影欣赏有助于为学生创设语言学习环境和氛围，提高学生英语基础知识和听说读写各方面的技巧，使学生从自我兴趣和生活经验出发，在学习过程中形成积极的情感态度、主动思维和大胆实践，提高综合语言的自主学习和运用能力。

在实施英文电影赏析这一情景教学方法之前，教师必须慎重选择教学影片。英美电影作品繁多庞杂，但并非每一部都是精品，也并不是每一部作品都适合英语教学。

当然，所有的英文原版电影从故事情节上都具有休闲娱乐功能，但是若忽视了选择标准，则最终只会停留在休闲娱乐的层次上，浪费课堂教学的宝贵时间。为了保证课堂教学的质量，教师必须按照内容是否健康向上、能否忠实反映英语国家主流文化、是否具有深刻的教育意义等几个标准尺度来对影视作品进行筛选，选择语言多样化、文化内涵丰富的影片。在观看影片的过程中，教师应该组织多样而灵活的练习活动，如角色扮演、自主提问等，继续深化观影感受。课后，教师还要有意识地引导学生进行不同形式的英语技能训练，如小组讨论、写影评、学生自主推荐喜爱的影片供下次欣赏等，提高学生的学习主动性，强化课后学习效果。英文原版电影教学是当前高校英语教学活动中广泛使用的教学方法，在长期的教学实践中收效显著，深受学生喜爱，但是开展此教学活动切忌从头到尾放映电影，教师要正确处理好电影教学与正常听说教学的矛盾，紧紧围绕英语教学目的，恰如其分地推进影视教学，提高高校英语教学效果。

在全球化的今天，学习者可以轻而易举地找到英文原声电影，学习者可以通过电影把自己带入一个“真实”的语境之中。语言是文化的载体，通过观看欧美英文原版电影，学生不仅可以学习英语、练习听力，并且可以更好地了解语言中的文化现象以及语言与文化之间的依存关系。看电影可以成为一个娱乐消遣和提高综合运用英语能力、丰富英语语言文化知识的学习过程。另外，通过坚持看英语电影，也达到了提高听力的效果，因为电视、电影图像中的视觉支持，使听力理解变得更为容易。在具备了基本听音能力之后，通过坚持听英语广播、看英文电影或者参加英语讲座，可以有效提高英语听力水平。有效的听音过程包括复杂的学习活动，因此学习者除了注意模仿电影节目中的语音和语调之外，还应该学习和记忆听音材料中出现的新的语言知识，特别注意区分正式口语、日常口语以及书面语的不同表达法，否则会给学习带来负面效应。

2. 阅读英语原版书刊

通过大量阅读材料，可以为学习者提供生动有趣、丰富多彩的语言输入。阅读对学习者的提升不仅仅停留在提高语言水平的层面上，并且可以拓展人的视野、丰富人文理念、满足智力追求。比如，阅读 The New York Time 之类的英文报纸，以及《国外风情面面观》《培根散文集》《爱默生演讲录》《世界上最优美的散文》《心灵鸡汤》等英文书籍，不仅可以丰富学习者的语言知识，还可以让读者获取或更新信息、开阔学习者的视野、了解外国文化。因此，阅读原汁原味的英语报刊文章以及语言优美的英文读物，可以让读者体会英语语言的节奏感，通过品味这些读物精准的用词，可以提高英语语感和整体英文水平；可以在一定程度上弥补我国英语语言学习真实材料缺失的问题，同时能为学生学习英语营建良好的学习环境。

3.利用互联网，畅游英语世界

网络改变了现代人的生活方式，足不出户便可环游世界。因此通过网络资源，英语学习者不仅可以搜索到英美国家政治、经济、文化、科技和体育等各方面的最新英语文字资料，还可以收听到优美动人的欧美流行乐曲，甚至聆听到各国首脑或名人的英文演讲片段。互联网上强烈的图像、文字和音响效果，可以更好地激发学生的求知欲望，使英语学习成为需要和乐趣。计算机媒体交互环境不仅可以为学生提供真实的语言交互空间，而且也便于教师收集学生通过计算机媒体交互环境中产出的语料。

4.运用浸入式教学方法创设英语学习环境

语言学习环境指的是本来客观存在的或者专门为语言学习者提供乃至创设的有利于语言学习者语言学习的教学场地。就语言学习而言，人刚出生就开始对其周围环境的语言进行模仿。语言学习环境对语言学起着不容忽视的重要作用，个人的运用语言能力在一定程度上是语言学习环境内各种因素综合作用的结果。一个有利于语言学习的环境能够激发学生的语言学习兴趣，为学生提供原动力，从而促进学生更加活跃地学习语言。反之，一个枯燥乏味的语言学习环境将阻碍学生的语言学习，让他沉默，甚至不会说话。一个正常的孩童在一群狼的怀抱里成长，离开了人类语言的学习环境，结果只能发出狼的嚎叫。由此我们可以推理出语言学习环境对语言学习的重要性。因此我们可以说语言环境孕育了语言。

在高校英语教学中创设语言环境，为学生营造不怕犯错误、透过错误不断改进学习方法的愉快学习环境，帮助学生克服心理障碍，不失为值得借鉴的高校英语教学方法。

第七章　英语课堂生态教学实践

随着素质教育理念在高等院校的贯彻和实施，英语课堂的教学目标已经从传统的传授语言知识的形式转向对学生语言交际能力的培养。课堂作为实施素质教育的主要渠道，直接影响着教学效果。生态教育理念的核心和宗旨是促进学习者在信息生态中得到全面的发展。在高等院校的整个生态教学系统中，教学过程其实就是教师与学生之间借助教学手段和内容等进行平等对话的过程。英语教师在课堂教学中，一方面要注重系统观、生态观，促使课堂与自然社会的关系发生转变，强化关联，避免割裂，注重实践、体验；另一方面要促使课堂生态的改善，通过转变教学生态中的教师行为、学生行为，平衡课堂群体生态，建设良好生态环境，使教师与学生成为合作的探索者、平等的对话者，学生与学生成为协同的学习者。

第一节　教师事前准备

一、教师课堂生态意识的形成

树立生态的课堂意识，需要学校、教师真正以学生的发展为本，让每个学生在课堂中得到最充分、最好的发展，而不是把课堂教学作为一种评价教师功利的场所。教师要把民主、合作、开放、互动的教学观念引入教学实际中，让学生在实践中达成新课程提出的三维教学目标（知识与技能、过程与方法、情感态度与价值观）。

（一）民主

生态观认为，在生态系统中，虽然每个物体在生态系统中的位置和作用是不一样的，但对于整个生态系统而言，他们都是同样重要的，也是平等的。民主教育是充满爱心、尊重个性、追求自由、体现平等、重视法治、倡导宽容、讲究妥协、激发创造的教育。在课堂生态系统中，教师和学生不仅人格上是平等的，在学习过程中作为促进者与被促进者的地位也应该是平等的。当有人问我国教育改革家魏书生为什么上课那么顺手时，他说：“就是多和学生商量，商量商量就顺手了。”他一直坚持遇事和学生商量，课堂教学和学生商量，他把所教班级里的每一个学生都看作副班主任，是自己教学上的小老师，学生也因此把教师的教学视为自己的需要。陶行知有句名言：“你的教鞭下有瓦特，你的冷眼里有牛顿，你的讥笑中有爱迪生。”教师树立了平等、民主的教学观念后，学生才会获得发言权，才会获得主动发展、自主发展的权利，才会有智慧的火花闪现。

（二）开放

开放性是生态系统的重要特性，开放也是生态课堂的重要指标。一个生态的课堂必然是一个动态开放的课堂。这不仅体现在课堂教学的时间、空间、资源、内容、过程、结果开放，更体现在学生思维的开放。课堂的开放，有形式上的开放和实质上的开放之分。实质上的开放是学生思维的开放，是学生创新能力的结果。

（三）体验

在生态系统中，体验是物种最重要的生活方式。蜘蛛织网的过程、捕虫的过程都是体验的过程。同样，体验也是学生最好的学习方式。有格言说，我听过了，我忘记了；我看过了，我记住了；我做过了，我领会了；我思考了，我超越了。体验和效率是成正比的，因此有些高校英语教师为了让学生少走弯路提高效率，往往给学生灌输更多的知识，结果却适得其反。在课堂教学中，对于能力、情感、态度、价值观的养成尤其要重视学生体验的过程，教师不能用说教代替学生的体验过程。

二、案例解读

该教学案例选自外语教学与研究出版社出版的《新技能英语高级教程：学生用书1》第四单元 Unit 4 We’re always ready to help。

（一）单元整体解读及分析

第四单元解读及分析见表 7-1。

表 7-1　第四单元整体解读与分析

单元内容	本单元围绕参加志愿活动这一话题，讲述了目前常见的一些志愿活动和内容，并进一步讨论了志愿活动对志愿者的要求，传达了热衷志愿活动带来的益处，以及学会设计志愿者招聘通知等

续　表

教学目标	知识目标： 1. 了解志愿活动的意义，熟悉常见的志愿活动的表述 2. 掌握相关词汇，熟练谈论志愿者活动工作内容 3. 了解自己身边人经常从事的志愿活动 4. 学会一般过去时和现在完成时用法与区别 5. 掌握海报设计的技巧和要点，绘制自己的通知
教学目标	能力目标： 1. 能够听懂围绕志愿活动进行的对话 2. 能够就志愿活动进行顺畅的交流沟通，并分享个人经历和心得 3. 能够阅读并理解与志愿服务相关的话题材料，并进行分析讨论 4. 能够撰写较为完善的志愿者招纳通知 情感目标： 1. 树立健康的世界观和人生观，利用空闲时间体验志愿服务 2. 在无偿服务和奉献中体验乐趣，丰富人生阅历 3. 培养合作精神，激发创新思维，共同思考、解决问题
教学重点	1. 灵活运用常见志愿活动和工作内容的相关词汇及表达，学会使用英文表述自己曾经做过的志愿活动 2. 熟悉通知写作的技巧及方法
教学难点	1. 利用各项志愿活动的相关背景知识，快速提取、分析、处理信息，提高理解能力 2. 深入剖析材料，批判性思考，准确表达个人的见解和看法
教学方法	交际教学法、情景教学法、任务型教学法、项目教学法
教学手段	云班课、多媒体课件、视频、音频、网页链接等

（二）分课时教学设计

第四单元第 1 ～ 2 课时教学设计见表 7-2。

表 7-2　第四单元第 1 ~ 2 课时教学设计

教学内容	教学步骤	时间分配
Warming up	1.Lead-in(Brainstorming on Mosoteach App) Teacher asks students questions to arouse their interest : (1) What is a volunteer ? (2) Have you ever worked as a volunteer in spare time ? What did you do for that ? ◇ *For example: donate blood, do assistant work at an international conference, help the elderly or orphans, give directions to strangers, collect litter in the park, doing teaching and training, organizing community activities, etc.* 2.Warm-up Step 1 Familiarize the meaning of the words below each picture for the students. Students choose those they'd like to do. ◇ Picture 1 : Donate blood. (To have blood taken out of one's body so that it can be put into the body of a person who needs it.) 献血 *She donates blood twice a year.* 她一年献血两次。 ◇ Picture 2 : help the elderly at a nursing home. (Nursing home : a place where people who are old or who are unable to take care of themselves can live and be taken care of.) 在养老院帮助老人 *I have been helping the elderly at a nursing home for the past three years.* 三年来，我一直在一家疗养院照料老人。 ◇ Picture 3 : Plant trees 植树 *This is where farmers plant trees with their crops.* 这就是农民们种植树木和庄稼的地方。 ◇ Pictures 4 : Collect litter in public places. 在公共场所捡垃圾 *The majority of campers/holidaymakers carefully collect litter in public places.* 大部分露营者或度假者都在公共场所认真地捡垃圾。 ◇ Picture 5 : Do assistant work at a conference. 在会议上做助理 *The essential of doing assistant work at a conference is to response quickly.* 在会议场合上做助理工作的要点是反应迅速。 *(play some clips of the 5 activities to catch students' attention and give them a full explanation of these activities.)*	10 min

续　表

教学内容	教学步骤	时间分配
Warming up	Step 2 Pair work : ask students to talk about their favorite volunteer work from the five pictures and discuss the reasons. *(count the number of students who enjoy a certain volunteer work. Find out the most popular one among your students.)*	10 min
Listening 1	1.Pre-listening Step 1 Introduce the background information by asking the question : What do you know about the volunteer work introduced by your college or some club ? *(Donate blood, do assistant work at an international conference, help the elderly or orphans, give directions to strangers, collect litter in the park, feed animals...)* Step 2 Pronounce the new vocabulary and key sentences for the class to repeat and explain some of difficulties. Step 3 Ask students to pay attention to what the club (mentioned in the dialogue) is for, and what Mollie did in the club.	10 min
	2.While-listening Step 1 Listen to the dialogue for the general idea and write down some key words. (General idea : *school club.* Key words : *clean off, orphanage, spare time, meaningful.*) Step 2 Listen to the first half of the conversation and complete different volunteer services the club offered. Tips : When a series of examples are given in English, the structure "some...some...others" would often be used. Step 3 Listen to the second half of the conversation. Find out the activities mentioned in the dialogue.	15 min

续 表

教学内容	教学步骤	时间分配
Listening 1	3.After-listening (1) Pair work : check the answer with partners. Teacher gives the answers to while-listening tasks. (2) Teacher asks the meaning of "count me in", and why Jerry says so. (3) Teacher explains the listening materials in details, focusing on new words, expressions and some difficult sentences.	5 min
Listening 2	Step 1 – Pre-listening : Pronounce new words and phrases, explain the meanings to help them guess the dialogue. Step 2 – While-listening : When students are listening to the dialogue, they are expected to match what Jerry and Mollie do as volunteers. Step 3 – After-listening : Teacher gives the answers to while-listening tasks. KEY : (1) 1, 2, 5 (2) He also wants to join volunteer activities. (3) Mollie : 2, 3, 6 ; Jerry : 1, 4, 5	30 min
Speaking	(1) Teacher inspired students to discuss where they would like to do volunteer work and reasons. (2) Invite 2 or 3 students to present their preference to the whole class. Teacher gives feedback on their talk. *(Feedback on pronunciation, fluency, word choice and content of course.)*	20 min

“动态生成观”是华东师大叶澜教授“新基础教育观”的一个基本观点。“生成”不是个体对外部信息的简单输入，不是个体对他人观点的简单接受，也不是知识、技能获得过程中的接受现象，它主要发生在学生对已有知识经验的重新组合的过程中，一种智慧火花的闪现和灵感的迸发。学生把新的信息与过去的经验进行联系，建构出新的思想观念，形成新产品的过程就是生成的过程。在生成性的课堂中，教学不是完全根据教师的事先预设按部就班地进行，而是充分发挥师生双方的积极性，随着教学活动的展开，教师、学生的思想和教学文本不断碰撞，创造火花不断迸发，新的学习需求、方向不断产生。学生在这个过程中兴趣盎然，认识和体验不断加深。在这样的课堂上，学生获得了多方面的满足和发展，教师的劳动也闪耀着创造的光辉，师生都能感觉到生命活力的涌动。而在灌输式的教学中，学生的学习是被动的、机械的，学

生的一切都在教师的掌控之中，课堂教学往往沿着教师设计的过程进行，不会出什么差错。即使有一些小小的意外，也会被教师“及时”地制止。“生成”的课堂则是无法预期的，课堂教学中的一些“意外”会被教师当作宝藏去发掘，尽量开采出更多的“无法预约”的精彩。

为了能将英语课堂生态教学的效果最大化地呈现出来，提升学生的学习积极性与主动性，笔者为学生列举了本课的短语并给出了中文释义，要求他们结合自己的理解进行重组。

如：*a place where children whose parents have died can live and be cared for* ：*a home for orphans* 孤儿院

有学生根据释义，重新完成了句子：

e.g. After the death of his parents, he was raised in an orphanage.

父母去世后，他被一家孤儿院收养。

又如：count...in 把……算在某一整体之内；算上（某人）

学生造句：

She shrugged. “You can count me in, I guess”.

她耸了耸肩，说道：“或许你可以把我算进去。”

cheer up v. *to become happier.*（使）高兴起来；（使）振作起来，打起精神

学生造句：

I think he misses her terribly. You might cheer him up.

我猜他一定很想念她，你要帮他振作起来。

除了短语造句之外，笔者还给出了本课的重点句子：

（1）How is everything going？

（2）It’s a nice day, isn’t it？

（3）How do you like your new job？

（4）What do you think of Chengdu？

（5）Do you like American films？

请学生根据自己的理解展开对话，提升其英语学习思维获得更大的收获。由此可见，生成的课堂，是动态的课堂，是鲜活的课堂，是无法预知的课堂。在生成的课堂教学中，教师和学生就像是朝着某一目标前进的小溪，他们在不断向前奔流的过程中，浪花飞溅，载歌载舞；他们在不停向前奔流的过程中，滋润了别人，历练了自己。生成的课堂，也是多元性的课堂，也就是它的多维度，指主体思维善于从事物的

多侧面、多环节、多因素、多层次来进行思考，善于从不同角度考虑问题。生成的课堂也是创新性的课堂，生成是创新的基础，学生任何生成的思维都含有创新的成分。尽管有时候这种新的方法可能不是最好的，但是只要是学生灵感迸发的结果，就有创新之处，就值得肯定。

三、促进学生生成的课堂教学策略

（一）创设情境

创设有效的、真实的、民主的教学情境，是促进学生课堂生成的最重要的基础。它不仅要把学生带入相对“真实”的学习环境（空间）中，还要给学生提供合适的机会(时间)，让学生思维的火花能够点燃和燃烧。

（二）实时点拨

学生在课堂中的表现如何，能不能达到生成的目的，教师起决定作用。教师除了需要给学生创设一个良好的情境，在关键处进行适时点拨显得尤其重要。

（三）生生互动

课堂教学中的生生互动通常表现为学生之间的交流、小组合作等形式。而我们常见的小组合作大多停留在小组讨论的阶段，而且容易存在时机不当、分工不清、规则不明、时间不足等问题，这样的生生互动往往只是流于形式，不能达到生成的效果。有效的生生互动，由于学生之间思维的接近和互补，更容易得到意想不到的结果。

第二节　学生参与实施

以 Unit4 We're always ready to help，3 ~ 4 课时为例。

为了能够使学生积极参与到生态课堂的构建中来，笔者在开展教学活动的过程中，进行了如下尝试。

首先，在“Reading”部分，在课前阅读阶段，笔者提出了如下问题：

（1）Have you ever thought about regarding some volunteer work as a part of life？

（2）Can you share the value or benefits of doing volunteer work？（*know more about yourself, unforgettable life experiences, get the opportunity to practice important skills, provide a natural sense of success and pride, etc.*）

学生通过这些问题的引导，可以对志愿服务有更加深刻的认识与思索，并尝试运用英语思维解答上述问题。

接下来对一些重点单词和词组进行发音，让学生简单地复述和解释如 tutor，unforgettable 等。

在阅读阶段，笔者采取了不同的阅读策略，如通过 Speed Reading（速读）、Skimming(略读）、Scanning(寻读）等方法引导学生积极参与到阅读活动之中。在 Speed Reading（速读）阶段，笔者要求学生通过速度回答以下问题：

Q1:What volunteer work did Nancy do?

She donated her loose change to charity organization.

Q2:What volunteer work did Karl do?

He volunteered with a non-profit organization at their fundraising event.

由于英语快速阅读不是一种孤立的能力，它必须以了解一定的基本知识为前提条件，以具备一定的词汇和基本语法为基础，还要掌握一些重要的阅读技能。对于学生而言，在阅读正文前，就标题（如果有标题）来合理推测资料的大概内容，也可在读了二、三段之后预测下段内容。这对快速理解和整体把握文章内容，以及推测出生词的词义范围有积极的意义。

在 Skimming(略读）阶段，笔者鼓励学生运用这一阅读方法进行积极思考，并尝试回答下列问题：

How many parts can the passage be divided into? What are they?

学生探究的过程，是最容易生成新的思维产品的过程。在探究问题时的分析与假设，寻找问题答案的过程无不体现学生的生成。接下来，为了活跃现场教学氛围，教师可以鼓励学生在 Mosoteach App 上举手，再由教师选择合适的学生来回答问题并发表评论。

在 Scanning(寻读）阶段，为了帮助学生更好地探索志愿服务的价值，笔者要求学生在寻读的过程中思考：

What are the value or benefits of doing volunteer work?

学生就此发表了自己的见解并进行了生态性的互动，有的说做志愿者可以接触更多的新鲜事物，了解不同的地域文化；有的说当志愿者可以开拓自己的眼界，更加客观地看待身处的环境；还有的说当志愿者可以使自己变得更加勇敢；还有一些学生谈到了自己的真实经历……由此可见，生态课堂流淌着人文性，目的是促进学生生长。“教育即生活即生长”“教育即经验的改造”是杜威教育理论中的三个核心思想。杜威提出“教育即生长”的根本目的在于，将学习者从被动的、被压抑的状态下解放出来。学习者的生长是内部生理心理条件与外部社会条件相互作用的结果。生长是一个持续不断的社会化的过程，是机体与环境相互作用的过程和结果，尊重其身心发展特点是使学习者获得充分生长的重要条件。

教师深情投入、真情流露、激情四射的时候，学生才能以情悟情、以心契心、以神会神，学生才能受到真正的人文陶冶和感染。教育应在师生沟通与对话中实现生命的发展。每个学生都是一个灵动的鲜活的生命体，他们的智慧犹如深埋在地下的煤层，蕴藏着巨大的能量。他们需要的是火花，一经点燃，他们将释放出巨大的能量，熊熊燃烧。而我们课堂中有大量的行为与此是相悖的，如标准化现象、题海战术和补差现象。这些在课堂中普遍存在的现象，都不是以人为本，而是以考试为本，以分数为本的教育；目的不是提高学生的智慧，而仅仅是培养学生一些粗浅的技能。

教师运用有效的教学方法使学生参与到学习活动之中，科学管理在教学活动中的具体应用，都是学校教育管理部门和管理者根据一定的教育方针、教学计划、教学大纲的要求，运用现代的教育管理理论、方法和原则，通过一定的管理手段来科学的组织、指挥、调控和协调各种资源，使教学活动达到既定的目的。对教学规律、特点和过程等进行理论抽象或概括，是揭示教学管理的本质属性，实现教与学互动的认识样式和模式。学生生命的成长是有规律的，这与英语生态课堂所遵循的教学理念是相一致的。值得关注的是，在开展学生参与实施的英语生态课堂建设过程中，应注重解决以下问题：

（1）在英语生态课堂的构建中更新传统的教学管理观念，使学生在教育管理工作者的指导下，学习、学会参与学习和掌握技能。

（2）开辟多种信息沟通渠道，加强师生的沟通联系，建立起学生、教师共同参与的互动模式，推动课堂教学活动的顺利实施。

（3）在实施过程中具体分析教学和管理中存在的问题，找出问题的症结，并根据存在的问题及时调整部分课程设置，既要及时了解学生对课程计划安排的合理性意见，又使教学管理部门掌握教师教学效果，以利于教师教学内容的改进和教学水平的提高。

（4）突破教学管理模式改革“追、仿、搬”的误区，建立适应区域经济发展特点、具有学校特色的“参与式”教学管理模式，使教学管理真正体现为教学服务、为学生成才服务。

（5）总结学生互动过程中的不足与问题，汇总相关经验，实现学分制下高等学校教育管理和教学改革的新突破。

第三节　课中反馈评价

一、环节设置和内容要求

我们梳理的有效的反馈评价的方法有：课堂观察法、课堂提问法、目光注视法、讨论交流法、表情感染法、练习巩固法、趣味激发法、目标指引法、设疑法、停顿呼吸法、激励法、板演法、语言表达法、暗示法、竞赛法等。通过这些方法，一方面让教师在课堂教学中实践、摸索、感悟、反思；另一方面，发挥学校教科研一体研训平台的作用，由学校教导处牵头确定双周课例研讨课的人员、内容和研修主题，将反馈评价的方法渗透在课例中，让教师在听课中学习，在研讨中反思，在反思中获得运用的智慧。课堂教学是师生之间的双边活动，教师教学效果的直接体现来自于学生学的结果。根据反馈原理，课堂作为一个完整的学习过程，必须包括学习者吸收信息并输出信息，通过反馈和评价知道正确与否。课堂教学反馈评价是师生之间、生生之间多向信息交流的过程，是优化教学的过程，实现教与学和谐统一的必不可少的环节，它贯穿于教学的全过程。适时把握学生学习状况，及时地了解学生学习过程中遇到的困难，必须要进行及时的反馈评价。

“反馈”指的是课堂教学中双向或多向信息的交流。教师要了解学生的信息；学生要了解教师指导的信息；存在差异的学生与学生之间传递着互助的信息。教师了解了学生学习信息后，及时作出调整，对学生的学习做必要的补充、指导和矫正。

“评价”是指教师了解了学生学习信息后作出调整，即在对学生的学习作必要的补习、指导和矫正的基础上对学生的学习效果作出的具有激励作用的评定。

“有效”是指教师以尽可能少的时间、精力和物力投入，科学地运用教学策略，取得尽可能好的教学效果，使学生乐学、会学、愿学，并力求高效率的有所收获，它是教师与学生双重价值的体现。

环节设置和内容要求如下。

（1）课始反馈评价环节了解学生的认知准备、检测学生的旧知掌握情况、激起学生的学习动机。

（2）课中反馈评价环节一是课前预设的了解学生对重点知识点的掌握情况、关注不同学生的学习方式和学习需求的反馈，二是对捕捉的课堂随机生成的资源进行的反馈调控。课中的反馈评价环节对教师提出了更高的要求，需要教师有一定的课堂驾驭能力和对课堂教学的反复磨砺。

（3）课末反馈评价环节关注本堂课学生的学习掌握情况。

课始、课中、课末环节的设置安排以及内容的选择可让教师针对学科的特点和班级学生的实际情况确定。

教师在课堂教学中了解学生的学习信息，机智地关注教学生成，适时地进行反馈评价，智慧地调控教学过程，使每个学生在原有基础上获得进步和发展。这既是教师提升教学能力和智慧的一次挑战，也是学校提高教学质量取得长远发展的一次意义深远的践行。

二、反馈评价过程

（一）捕捉课堂反馈评价信息，生成教学资源

课堂教学是人的教学，人是活泼的、开放的、有差异的，因此在我们根据预设教案进行课堂教学时经常会发生“意外”。现阶段，教师重视了对客观存在的课程资源的开发和利用，但对课堂上非预期的生成性课程资源还不够关注或缺乏应对经验。教师在教学设计时不仅要进行全方位的预设，更要在课堂教学中用心捕捉和筛选学习活动中反馈出来的有利于促进学生进一步学习建构的鲜活的课程资源，以此优化课堂教学效果。

1. 在师生问答中捕捉反馈评价信息，生成教学资源

课堂教学中师生间的相互问答既是一种情感交流，又是一种信息反馈。通过适当的提问，教师可以了解学生理解和掌握知识的情况，也能知道自己在教学中的成功之处及不足之处，及时发现问题并加以解决。虽然教师在课前对问题做了充分的预设，但是由于学生认知的差异，预设的问题往往会出现“冷场”“答非所问”等现象，因此教师必须调整问题的难度，增强提问的针对性，将“问答”捕捉到的信息化作学生语言思维能力训练的资源。

2. 在观察中获得反馈评价信息，生成教学资源

“眼睛是心灵的窗户”。每个人的内心世界往往通过眼神、脸部表情表现出来。因此，我们在传授知识的过程中，既要考虑传授知识的方式、方法，又要善于观察学生的一举一动，随时观察学生的动静，从他们的动作、神态中了解他们的学习信息，分析他们的学习情况，以调节自己的教学节奏和内容。将“观察”中获得的信息化为满足每名学生不同学习需要、激发学习动机的资源。

3. 在讨论中捕捉反馈评价信息，生成教学资源

课堂讨论是师生之间以及学生之间沟通的另一渠道，也是教师及时获得大面积反馈信息的重要手段。教师应针对不同的内容，以质疑问难的方式与学生互动讨论。在讨论时，教师以普通身份参与交流，学生的思维会相对活跃些，顾虑也少一些，他们会畅所欲言，谈出他们对某一问题的看法和疑问，也能捕捉到全班共同讨论时不能被发现的一些课堂隐性信息。教师可根据这些信息及时对课堂教学做调整。比如，针对个别的隐性问题，教师可以当场答疑，有的典型性问题，可以再供全班一起讨论。在讨论中教师可再捕捉更有价值的反馈信息。当然，所讨论的问题要适合学生的认知水平和思维能力，学生经过思考可以将其解决，适宜的问题会提高大脑对信息接收的程度。问题太难，确定不了思维方向，参加讨论的人数就将减少，学生就失去了锻炼机会；问题太容易，激不起学生的思维活动，同样没有信息反馈。

4. 在学生练习中捕捉反馈评价信息，生成教学资源

课堂作业的练习是课堂教学中的一个重要环节。它在课堂教学中占主导地位。教师通过学生的作业练习，可全面了解自己的教学成功与否，可掌握学生的学习情况。因此，在课堂教学中教师必须重视对学生的作业练习，多留一些时间让学生进行课堂练习。为了保证反馈评价的及时性，教师设计的练习要少而精，且针对性要强，同时在学生练习过程中不断巡视，将捕捉到的信息及时梳理，对个性的问题做个别辅导，对共性的问题做集体的讲解。

当然，捕捉课堂反馈评价信息的方式不止上述提到的四种，只是这四种在我们目前课堂中使用较多。在实践探索中，我们积累了一些经验，同时发现不同的方式在不同的学科之中运用的时机和包含的内容均不同。在时机的把握上，比如“问答”“观察”可以贯穿于课堂教学的始终，而“讨论”一般设置在课中学生进入学习状态时较为适当，“练习”设置在课末比较适当。针对不同的学科所设计的内容也应有所不同，课堂教学情况的及时反馈可使师生充分认识到自己的得失，及时调整教与学的方法策略，互为补充，教学相长，共同提高。

（二）充分利用反馈评价信息，了解学生不同需求

反馈评价作为教学过程的一个重要环节，始终交织于教学过程中。教师对反馈信息处理的精细程度直接影响着教学过程中两个要素——教师和学生之间的互动质量及教学效能。古人云：“教然后知困，知困然后能自强也。”教师依据自己教学过程中所捕捉到的反馈信息对原先的课堂教学设计及时调整，是一种对自身教学高层次、高水平的思考，是对自身教学智慧的挑战，是教师提高自身素质和提高教学质量的重要保证。

1. 充分利用反馈评价信息，要及时高效

一般来说，及时反馈比延迟反馈效益更高。因为及时反馈可以使教师及时了解学生掌握知识和技能的情况，有利于教师及时调整和改进自己的教学方法和手段，同时可以使学生及时了解自己在知识学习上的不足，有利于不断改进自己的学习方法。教学过程是学生掌握知识，形成技能技巧的过程，也是学生认识水平发展的过程，组成这个过程的感知、记忆、理解、运用等各个阶段都是相关的。前者是后者的基础，后者是前者的拓展。及时反馈就是要把学生掌握知识的全过程作为整体，对这个整体的各个阶段进行反馈。一节课结束后，学生学到什么？教师受到什么启发？在教学过程中，教师一方面要根据教案施教，另一方面要根据课堂教学的实际临时调整教学内容。例如，为讲解重点和突破难点而临时选用更具典型性的例句；为培养学生的某种能力而临时变换教法。对于这些调整，我们在课后要认真思考，反复推敲，并记载下来作为日后教学工作的宝贵借鉴。

2. 充分利用反馈评价信息，要有层次

我们的教学对象是一群知识水平和理解能力各异的学生。因此，他们对一个新知识的认识和掌握程度总是存在着差异。这也是因为学生总是从学习较简单的知识逐步过渡到学习较复杂的知识，认识和掌握水平也是从较低水平过渡到较高水平。因此，教师应准确、及时地了解各类学生的学习状况，课堂教学时观察学生的面部表情、体态表情、音调高低，了解其心理活动；在教学过程中经常了解学生的学习习惯，特别要注意判断学生的认知方式和掌握学生做作业的过程；在备课时，判断新的学习任务跟学生原有知识、能力基础间的差距，把握教学内容的难度，建立学生认知发展档案，有针对性地做好学生特别是学困生在某知识结构方面的补缺查漏工作。反馈的层次性还体现在教师应掌握具有不同认识水平、不同个性特点和不同心理素质的学生的学习情况进行信息反馈，这样了解的情况才具有普遍性、准确性，教师才能运用获得的正确信息，因人施教，有效地调控教学，达到教学过程最优化。

3. 充分利用反馈评价信息，点面兼顾

学生年龄、知识、思维能力的特点存在着差异，因此反馈评价信息也是多种多样的。在教学过程中教师运用反馈评价信息时，必须遵从“面向全体，照顾差异”的原则，既要考虑教师或学生的单向反馈，又要考虑师生间的双向反馈，还要考虑教师与学生之间的以及学生与学生之间的交叉多向反馈，使反馈信息更全面、更准确。

（三）科学设置课堂反馈期，提高教学效率

课堂反馈作为一种课堂教学的重要手段，应贯穿于教学过程的始终。课堂反馈在课堂不同时期中的表现形式不同，在不同学科、不同课堂教学内容中设置时期也不同，教师应充分认识到这一点，科学设置，提高教学效率。

1. 按课堂教学时间划分，可分为课前反馈期、课中反馈期、课末反馈期

教师应根据英语学科的特点设置不同的反馈内容。例如，在课前反馈期，教师可以了解学生课前预习情况和对上堂课所学知识的掌握情况；了解学生的认知情况和学习动机，以使学生积极有效地进入新知的学习。在课中反馈期，除了课前预设的内容之外，教师应对反馈信息进行捕捉，并及时做出调整。在课末反馈期，每个学科反馈评价的内容都是为了检测本堂课教学目标的达成度。

2. 按课堂教学环节划分，可分为复习导入准备期、整体学习感悟期、总结巩固拓展期

英语课堂教学环节中的反馈内容可根据实际课堂教学内容而定。复习导入准备期可为整堂课的学习作铺垫。整体学习感悟期是学生对新授知识的认知期，是为了帮助学生理解掌握教学内容而预设的反馈互动期。其中，教师通过学生的答问、讨论、表演、表情等接受反馈信息，学生通过教师小结、导读、追问、启发等接受反馈信息，学生间通过欣赏、鼓励、补充、竞赛等互相接受反馈信息，三者加以综合，课堂就呈现出师生、生生之间的有效信息传递、反馈互动，从而使学生把学习内容理解得更深，感悟得更透。总结巩固拓展期是教师对课堂教学的一个总结，对学生学习效果的了解、巩固和评价。也可以是学科相应知识的延伸，以拓展学生的知识面，满足学生深入学习知识的需求。

（四）正确运用课堂延时反馈评价，巩固教学效果

1. 课后作业的设计和评价

作业，不仅是教学中的重要环节之一，同时是课程实施中的重要组成部分。对学生而言，作业是对课堂学习内容的巩固和运用，体现了学习过程，结合课堂教学实际，重点针对当堂的重点和难点知识，充分体现了课堂教学中的三维目标的落实，达到使学生强化和巩固课堂所学知识和技能，培养和提高实际运用能力的目的。对教师而言，作业是检测和反馈课堂教学效果的手段，是有效调整和改善教学内容、教学方法的基本依据之一。优化作业设计，提高作业的有效性是提高教学有效性的重要内容。

（1）作业设计体现差异。作业紧随上课之后，与上课有很强的逻辑联系，作业设计应适合学生的学习能力，使不同层次的学生得到发展，同时使教师更全面地了解学生学习的情况，机智地关注教学生成，智慧地调整教学过程。在作业设计中应考虑反馈评价的针对性，兼顾反馈评价的全面性、多样性；根据不同学习能力的学生布置

不同的作业，增加作业的层次性，让每名学生都能体验到成功的喜悦，从而使学生的学习积极性得到保护，个性得到张扬，知识得到巩固，能力得到发展。

（2）作业评价关注差异。作业评价要以客观、激励、导向为原则，让学生明白自己学习中的成功与不足，激起他们的学习兴趣，使他们明确努力的方向；特别注意尊重学生个体，尤其是在学习中困难较大、问题较多的学生，如果直接提出批评，易伤其自尊，产生对立情绪，结果事与愿违，适得其反。在具体实施的过程中，首先，应注意评价者的多元化。作业评价可以改变教师“一言堂”的评价局面。实施评价时，应注意教师的评价、学生的自我评价与学生之间的互相评价相结合，要加强学生的自我评价和相互评价，还可以请学生家长参与评价活动。其次，应注意评价方式的多元化。要打破单一的分数、等级评价方式，形式要活泼多样，如短语评价、图标符号评价、动作评价、语言评价等，还可以通过展示、汇报交流等方式检查、评估作业。最后，应注意评价层面的多元化。注意突出课程评价的整体性和综合性，要从知识与能力、过程与方法、情感态度与价值观几方面对学生的作业进行综合评价。要善于发现学生作业中的闪光点，从不同的角度鼓励学生。

2. 阶段性评价与反馈

阶段性评价是对一个阶段教学进行的评价，目的在于了解学生学习情况和教学效果，以期使师生双方及时了解教学情况，接受明确的反馈信息，从而提高教学效果。一般依次开展每周学习小结活动、单元学习反馈和学期评价与反馈。这是检测学生达标程度，获得反馈信息，进行科学评价的重要手段。

首先，开展每周学习小结活动。“每周学习小结”以一周为反馈的时间段，主要内容包括本周学习内容、学习目标、学习难点、学习方法的指导，对象为全体学生。教师通过撰写每周学习小结，可以及时反思和梳理自我教学情况，及时发现学生的学习困难，调整教学策略。

接着，开展单元学习反馈。单元学习反馈以一个单元的学习时间为反馈的时间段，主要形式是在单元练习之后教师对学生的学习情况进行分析，并对单元学习进行评价、反馈。主要内容包括班级学习本单元知识的整体情况、该学生的练习情况以及辅导策略等，对象是部分有进步或有困难的学生。通过单元学习反馈教师可以更深层次地发现学生学习中的闪光点以及不足之处，为有针对性地分层辅导提供了事实依据。学生家长通过单元学习反馈与评价可以更客观地认识到自己孩子的学习情况，避免盲目担忧，同时对评价进行分析，可以更加明确家庭辅导的主要方向，让家校的合力发挥最大功效。

最后，进行学期评价与反馈。学期评价与反馈是以一个学期的学习时间为反馈的时间段，采用评奖的形式对学生学期学习整体情况与少量假期针对性练习情况进行评价与反馈。对象为全体学生和任课教师，一般在假期的中段进行。学期评价与反馈的主要内容包括班级学生的整体学习表现（包括主要优点与不足）、假期针对性练习的完成情况（包括练习完成情况与活动反思）以及对教师教学工作的意见征询三部分。学期评价与反馈的主要目的是让学生感到付出努力后就会得到教师的肯定与鼓励，让家长了解学校对孩子一个学期的学习的整体认定（哪些地方获得肯定，哪些地方应继续改进），同时让家长对教师的教学工作给予评价与反馈。在交流互动中改进教学方法，提高家庭辅导效率，促进学生的整体发展。

第四节　生态学思想课后反思

从生态学的角度审视课堂，课堂教学活动并不是单调的教与学的活动，课堂由一个个鲜活的个体和环境组成。课堂教学活动中的每一个个体和群体都在其中通过交流、互动，达成目标，共同成长。课堂生态中有竞争，有协同，有依存，其具有整体性、开放性和平衡性。我们还可以在课堂生态中观察到一般的生态学规律。如果用生态学的思想方法审视课堂，原本司空见惯的课堂教学活动重新变得鲜活而有生趣。

一、要力避“花盆效应”

“花盆效应”也被称为局部生境效应。花盆是一个半人工半自然的小环境，其在空间上有很大的局限性。由于人为地创造出非常适宜的环境条件，长在其中的生命对生态因子的适应值逐渐下降，一旦它们离开人的精心照料，就会经不起风吹雨打，不像长在悬崖峭壁石缝中的黄山松和严寒中依然生机勃勃的腊梅花那样有顽强的生命力。花盆效应应用于课堂生态教学之中，表明了教师不应将学生当作花盆中的花草那样进行灌输式教育，而是应结合英语教学的特点，培养他们独立自主的学习与思考能力。

二、要重视“鲇鱼效应”

鱼类中存在着一种被生物学家称为“鲶鱼效应”的现象。以前，挪威人出海捕捉沙丁鱼，回到港口时，鱼往往都死掉了。聪明的渔民想出了一个办法，就是在鱼舱里放几条鲶鱼，由于鲶鱼生性好动而四处乱游，沙丁鱼见到这几个“异己分子”便紧张骚动起来，快速游动，增加了机体活力，沙丁鱼死亡率因此降低。这种现象就是“鲶鱼效应”。“鲶鱼效应”说明如果一种生物置身于松散拖沓、环境优越的状态，就会丧失斗志、活力降低。

师生关系和谐、亲密无间、相互熏陶、教学相长可营造出一种丰富、光明、温暖、纯洁、疏朗、博大的氛围。这里充满了思与思的碰撞，心与心的彼此接纳与交流，在晶莹明澈、静谧安详的氛围中，开启封闭的心扉，释放美的情愫。在这里，每一个人都能感受到自主的尊严，感受到独特存在的价值，感受到心智成长的愉悦。在这里，教师与学生有着“鱼水”般的关系，相互交融。在鱼水关系中，师生之间合作对话、趋向平等、民主互尊、理解信任。教师在教学中要善于发现、培养和利用活跃“鲶鱼”，带动全班同学主动“索饵”，以形成“草长莺飞”的活跃、竞争、共生共长的课堂生态景象。课堂上冷不丁的“插嘴”“提问”“接话茬儿”的学生或主动打破沉默回答问题的学生等，实际上都是课堂中的“鲶鱼”，他们有利于活跃课堂气氛，引导学生共同探索，共同求知。我们应善于在课堂上运用“鲶鱼效应”，让课堂恢复生机和活力，唤起学生学习欲望，你追我赶，积极上进，学有所成。

三、要摆脱“限制因子”的束缚

“限制因子”指达到或超过生物耐度的因子。当某一生态因子的作用量达不到个体需要的最小量时，即使其他生态因子的作用量都非常适度，个体的正常生长也会受到明显的限制，这种因子起到了限制的作用，被称作限制因子。面对高校英语教学活动中的一些新的知识点与生涩难懂的词汇，有的学生会“摸不着门”，即使照着书本例题或老师、同学的示范完成了作业，但并未深入理解、弄明白这些知识。这些学生自然不具备应变能力，换个题型就无从下手了。这时，对新的思维方式的理解就成为学生的学习限制因子，借用多种手段使学生思维打“开”，要比做大量的习题让学生“熟能生巧”更为重要。

四、要遵循“耐受性与最适度”原则

1913 年，谢尔福德提出了“耐受性法则”。一个生物能够出现并且生存下来，必须依赖一种复杂条件。如果要使一种生物灭绝，只要让其中一个因子超过它的耐受限度。高校英语课堂中的个体、群体在自身发展的一定阶段上，对周围环境的各种生态因子都有自己适应范围的上限和下限。在此范围内主体能很好地发展，否则将倒退，这就是教育的最适度法则。苏联教育家洛夫提出的量力性和可接受性原则强调了教育生态个体耐受限度的“低限”，而赞可夫提出的高难度、高速度的要求强调教育生态个体耐受限度的“高限”。这都涉及生态学的一条基本法则，即教育与教学都要贯彻好最适度原则。例如，在开展高校英语教学活动过程中，学生对学习内容进行复习巩固时最常用的方法是反复练习习题。但对于同一内容的习题量，学生进行练习时有一定的耐受范围，超越这个范围的习题量不利于学生有效掌握课程内容。对于不同类型的学生来说，他们适合的耐受范围不尽一致，应选择最适合各自情况的习题量，也就是他们各自的练习的最适度。还以 Unit 4 We're always ready to help 第 3、4 课时为例，对于一些英语基础薄弱的学生，可以先鼓励他们从深入学习单词入手如 teamwork，volunteer，unforgettable 等，而对于一些基础较为扎实的学生，可让他们用本课中的一些重难点句型如“the more...the more...”或“Whatever”造句，进一步拓展他们的学习思维。引导基础薄弱的学生逐步提升，确保班内同学都可以跟上教师的教学步调。由此可见，教师在布置课后作业的时候应将习题量控制在大多数学生的共同耐受范围中，同时应针对耐受范围和最适度明显偏离平均值的“特殊学生”单独制定合适的习题量，保证学生可以充分掌握课程内容，不至于产生厌烦心理。

五、要灵活运用“生态位”原理

在某一资源维度上，一个种能占有一定的生态链位置，这个位置被称为这个种在这一资源维度上的生态位。同一生态位上的种之间会展开激烈的正面竞争，因为没有两个种可以稳定地占据同一生态位。在资源特别缺乏的情况下，生态位会泛化，个体适应力提高，但种间竞争加剧；在资源特别充裕的情况下，生态位会特化，种间竞争缓和，但个体适应力降低。在课堂生态中，不同的学生也处于各自的“生态位”上。比如，在高校英语课堂上，不同的学生分别扮演着优胜者、参与者、跟随者、旁观者、落后者的角色。从学生心理成长的角度看，他们受到的影响和锻炼是各不相同的。不同的课程一般可以给同一个学生不尽相同的角色，不同资源维度中生态位的多样性使他们在课堂生态中得到丰富多样的心理体验。因此，如果得到普遍重视的课程类型过少，学生之间可以竞争的内容就变得单调，势必有一些学生成为“常胜将军”，而有的一直处于劣势，这对他们的全面成长都是没有益处的。在教学中，如果过分强调优劣的差别，一部分学生的特长和能力就得不到发挥和承认，另一部分学生则很少或体验不到失败和落后的滋味，因而造成生态位泛化，对学生心理成长造成负面影响。

六、要重视“边缘效应”

“边缘效应”这一科学概念由贝切尔于1942年提出。他发现两个或多个不同生物群落交汇处的结构十分复杂。生物种类较多时，其边缘带群落结构就会越复杂，活跃的物种的生产力相对较高。边缘效应以强烈的竞争开始，以和谐共生结束，各种生物由激烈竞争发展为各司其职，各得其所，相互作用，形成一个多层次、高效率的物质、能量共生网络。边缘效应普遍存在于自然生态系统和人类生态系统中。教育生态系统也有边缘效应。在高校英语课堂上，教师往往忽略班级中中间层次的学生和边缘地带的学生，关注更多的是“好学生”和“差学生”，而忽略各方面都普普通通的学生，忽略正处在“好”与“差”边缘的学生，而这些“隐身人”和“边缘生”恰恰是有较大进步空间的学生，教师稍加点拨和关心，他们很可能就上去了。

第八章　高职高专课堂生态教学研究

高职高专教育作为高等教育发展中的一个类型和层次，肩负着培养生产、建设、服务和管理第一线所需要的高技能人才的使命。高职高专英语课程作为高职高专教育领域中学校提升层次和培养现代技术应用型人才的重要标志，为受教育者提升就业竞争力和今后的可持续发展打下必要基础，带来绝对优势。近些年，高职高专英语教学的“低效”问题很突出，已经严重影响了高职高专英语教学质量的提升和高职高专英语改革的进一步深入。进行高职高专课堂生态教学研究，不仅可以丰富高等职业教育教学内容，还可以为高职高专英语有效教学提供指导。

第一节　教育生态系统与高职高专英语教学

一、教育生态系统结构

（一）教育生态系统

教育生态系统是指一定地域或空间内教育与环境之间的整体生态关系，即各教育生态因子之间相互关联与互为作用的统一关系。各类教育生态系统虽各具边界、范围和层次，并由许多子系统或亚系统构成，但任何一个被研究的系统都可成为较高一级系统的组成部分，可以与周围环境组成一个更大的系统。因此，生态系统是一个相互联系的结构，不仅有机体与其环境之间存在着相互依存的因果关系，而且各子系统之间以及子系统与母系统之间同样存在着密切的相互联系，且不断进行能量、物质、信息的交流。教育生态系统平衡是指一定时间内教育系统与环境之间，教育系统与教育系统之间通过能量流动、物质循环和信息传递，相互间达到相对适应、协调的状态。当生态平衡，教育生态系统的结构处于相对稳定状态，其物质和能量的输入输出接近均等。生态系统的各子系统以及各因子的运动发展变化遵循着一定的运动规律，取得教育运动的相对平衡。也就是说，保持教育生态系统的平衡并不是保持凝固不变的静止平衡，生态平衡总会因系统内某一部分发生变化而被打破，然后经过生态系统自我或人为调节机制又可进入新的平衡状态。生态平衡是动态的，维护生态平衡不只是维持起初稳定状态，而是在人为的有益影响下建立新的平衡。正是这种由不平衡到新的平衡的反复过程，推动了生态系统整体的发展进化。

（二）教育生态结构

教育生态结构可区分为宏观、微观两个方面。最大的宏观教育生态系统是生态圈系统，其次是以各国家为界域的大生态系统，这是历来教育研究的重点。教育生态学研究以教育为中心的各种环境系统，分析其功能以及与教育和人类的交互作用关系，以寻求教育发展方向、教育体制更新以及各种教育现象对策。宏观教育生态系统研究须把握好环境、人力、物力、财力、信息输入、弹性调控转换以及输出。微观教育生态系统则指学校等教育机构、教室、设备、师生绝对数与比例乃至座位分布对教学的影响，包括培养目标、课程设置、教学模式、评价体系等微观系统，也包括家庭关系、师生关系、同学关系乃至学生个人的生活空间、心理状态等与教育相关和对教育有影响的所有因素。

教育生态具有复杂的层次结构，人们把一个国家、一个省等视为一个大教育生态系统，其下包括许多亚系统。这些宏观的教育系统既包括教育系统本身，也包括环境系统。教育生态系统以出人才、出成果为中心，以教育及其结构层次为主体，以教育系统中的开发者、被开发者、管理者三个功能团为纽带，围绕几种生态环境圈层，形成多因子综合影响、相互作用的生态系统。生态学还将教育生态分个体生态、种群生态、群落生态和生态系统生态四个层次。家庭反映出明显的个体生态特征；种群生态和群落生态可结合为群体生态。一所大学是一个教育系统，大学系科可视为教育生态群落。而一所中小学则可视为一个群落，有时也可视为一个小的教育系统。影响教育群体的生态因素有很多，教育群体之间有竞争、合作、中性等多种与生物系统不尽相同的相互作用表现，教育管理者运用群体动力推进群体以及群体中个人发展，这需要教育者具备相应的素质。教育生态系统还是一种耗散结构系统，其远离平衡态的开放性和各要素之间的非线性作用，这就要求我们采用耗散结构的理论和方法研究它，以获得对系统动态情况的了解和多种有益启示。教育的水平分布表现了教育生态明显的水平结构特征，研究此结构特征有利于把握教育分布的格局。而生态群体的规律性迁入、迁出，是教育生态系统基本的动态结构规律，也是教育发展必经的历程，其波动将反映教育主导思想和方针政策的变化。

二、教育生态学的研究对象与目的

概括地说，教育生态学以教育与社会、教育与教育对象间关系规律和形成机理为研究对象，教育生态学的研究层次包括教育的个性生态、群体生态、生态系统生态及分散结构、教育水平结构、教育生态分布模式、教育生态的群体进入、迁出和波动等。教育生态的基本规律表现在教育生态平衡与失调、教育生态良性循环、竞争机制与协同进化以及迁移和潜移规律等方面。研究还涉及教育生态潜演、教育行为生态、教育生态检测与评估、教育可持续发展等方面。

国外学者对教育生态学的研究内容归纳起来有三类：个体行为与环境之间关系研究；教育生态中因子——教育资源分布研究；对教育生态系统的宏观研究。透析本质可以看到，对个体行为与环境关系的研究，对学校生态环境和对课堂生态环境的研究等，着眼于教育生态学的微观层面；对教育生态系统教育资源等重要生态因子的研究，以及把教育作为一个复杂、分层次、有机、统一的生态系统，对系统中各因子协调关系的研究，则是对教育生态的宏观研究。

国内学者对教育生态学研究对象的认识大致分为两种观点，即关系论与系统论。关系论学者认为，教育生态学的研究对象是教育与生态环境的关系，认为教育生态学是教育学与生态学相互渗透的学科，是研究教育与其所处生态环境之间的关系的科学，是研究教育与生态环境之间相互联系、相互作用的规则和原理的学科，认为教育生态学的研究对象是不同范围、不同层次的教育生态主体与周围环境的关系。[①] 持系统论观点的学者认为，教育生态学的研究对象是教育生态系统的构成要素、功能及运行演化规律。教育生态系统是一个构成要素复杂、功能繁多、具有特殊客观规律的生态系统，教育生态学研究对象相对广泛，[②] 其研究是为促进教育事业生态发展服务的。研究教育生态学的目的是通过探究不同层次的教育主体和客体与相关生态环境因子之间的关系，为教育生态主体的发展建立科学的生态环境，即运用生态学机理考察教育问题，用生态学方式思考教育问题。教育生态学是一个有别于社会其他生态次系统的独立子系统，它与其周围的社会生态环境紧密有机联系。因此，教育生态学必然需要研究教育与其关系密切的自然、社会、文化等生态环境，以及与之相互联系、相互作用的社会生态因子对教育生态的影响。随着教育事业日益蓬勃发展，教育生态学研究要善于揭示教育生态环境因子复杂的影响关系与教育规律，从而为优化教育生态环境

① 范国睿．教育生态学[M]．北京：人民教育出版社，2014：16.

② 任凯，白燕．教育生态学[M]．沈阳：辽宁教育出版社，1992：35.

提供良好的决策建议。为此有学者提出，教育生态学要分析教育结构、生态分布及生态功能；要探究各层次的教育生态机理；进而全面探讨教育主客体与各种生态因子间的相互关系，并深度分析这些生态因子对教育的作用机理。①

三、高职高专英语教学的改革与发展

高等职业教育是我国高等教育的一个重要组成部分。进入21世纪以来，随着我国国民经济的持续高速发展，社会对具有熟练技术的高等职业人才的需求日益增大。大力培养合格的高职高专人才已成为当前我国高等教育的一个重要课题。从世界范围看，许多发达国家都十分重视高等职业教育，并且把职业教育提高到终身教育的高度。我国若想在短时间内在生产管理、科学技术和经营服务等方面与发达国家比肩，就应视高等职业教育为根本的战略目标，就应重视在高等职业学校中普及ESP（专门用途英语），培养“语言+专业”的复合型人才。但在过去相当长的时间里，中国的高职高专院校没有明确的英语教学方向，基本上把它定位在本科的低层次上，人们通俗地称它为“压缩饼干”式的教学。高职高专教育英语课程长期以来没有自己的教学大纲，教材则照搬本科教材，甚至教学目的也以通过大学英语四级或大学英语二级、三级考试为目标。大多数高职高专毕业生既达不到本科的英语水平，又没有掌握工作中必要的英语知识和能力，因此他们的英语能力在人才市场中处于劣势便不言而喻了。尽管如此，我国高等职业教育的英语教学界从来没有停止对高职高专英语教学的探讨。在我国，高职高专英语课程教学改革从20世纪90年代开始，大致经历了三个明显的发展阶段，且成效显著。

1990年至1993年是改革的启动阶段。在原国家教委高教司的直接领导下，改革从转变教育思想观念入手，制定了中华人民共和国成立以来高等教育专科英语方面的第一个教学指导性文件《普通高等专科学校英语课程教学基本要求》，确立了“以实用为主，以应用为目的”的全新的英语教学理念，以及培养英语实用能力的教学目标。1993年至1997年是改革的全面发展阶段。为了全面推进改革，1993年原国家教委高教司成立了“普通高等专科英语课程教材编审组”，协助高教司制定、修订和宣传贯彻《普通高等专科学校英语课程教学基本要求》，促进教学内容与教学方法的改革。此外，1995年高教司以“普通高等专科英语课程教材编审组”的成员为主，成立了“普通高等专科英语教学质量检测工作研究组”，开展高等专科英语课程教学检

① 吴鼎福，诸文蔚．教育生态学[M]．南京：江苏教育出版社，1998：26.

测工作。自1997年以来，改革进入纵深发展阶段。1997年教育部以“普通高等专科英语课程教材编审组”为基础，成立了“普通高等专科英语课程教学指导委员会”。2000年，根据教育部“三教统筹”的部署，制定完成了《高职高专教育英语课程教学基本要求》(试行)，将高职高专英语教学统一到“基本要求”的轨道上，从而为高等职业院校的英语教学指明了方向。十余年来，高职高专的英语教学沿着以应用为目的的方向进行改革，取得了很大的成绩，越来越多的英语教师改变了以单纯培养阅读能力为主的教学模式，开始重视培养学生听、说、读、写、译综合运用英语的交际能力，并且把过去视为高不可攀的听说能力的培养提高到了应有的地位。

但是，我们必须认识到高职高专院校不同于普通高等院校。高等教育以培养生产、技术、服务、管理等方面的应用型人才为目标，高职高专培养的人才属于技术应用型人才，活动领域更贴近实践，并有别于学术型、工程型人才，这就决定了高职高专课程的开设应以市场为导向，以应用为主旨，在分析岗位能力的基础上，准确合理地定位教学目标。高职高专教育人才培养模式和教学目标的独特性要求建立起具有高职高专特色的英语教学体系。广大英语教师要适应经济、社会需求这个新形势、新任务，首先要以转变教育思想观念为先导，进一步提高对高等职业教育以就业为导向的认识，树立高职高专特色的人才观、质量观和教学观，坚持以提高人才培养质量为目的，以培养技术应用型人才为主题，进一步明确英语教学改革的指导思想。正确把握英语基础理论，即在英语教学中，教师要打破传统的以传授知识、应付考试为目的的教学模式，建立以职业需求为导向，以能力培养为中心的新的教学体系，完成对学生英语基础知识的教授及英语实践运用能力的培养。坚持以“实用为主，够用为度”的原则，做到让学生学一点、会一点、用一点，边学边用，使英语教学改革具有高职教育的特色。

四、教育生态系统与高职高专英语教学

如果我们把高职高专英语教学看作一个教育生态系统，那么按照生态学的观点，生态系统主要由生物因子和非生物因子组成，教育生态系统中的生物因子则是教师和学生，非生物因子主要指教学环境，包括自然环境、社会环境、规范环境。从这个意义上讲，高职高专英语教学活动就不是简单的“教—学”关系，而是一个复杂的生态循环过程。教学生态环境和师生之间相互依赖，相互作用。教育生态环境影响着参与教学活动的师生的教与学的兴趣、状态、结果以及发展趋势；后者又以各种方式保持、影响或改造着前者，形成一个完整的教学生态系统。教育生态环境下的师生彼此

互相学习，相互作用，相互塑造，有机联系；以教师为参照，学生形成了学生生态群体。在其内部，学生个体与个体之间、学生个体与群体之间、学生群体与学生群体之间也存在着各种联系。当前，高职高专公共英语教学虽然在专业技术课程中所占比重不大，但也是培养新的现代技术复合型和应用型人才的重要方面。如何改善高职高专英语教学现状，对教学过程中出现的问题进行研究和解决，是每个从事高职高专教育的人面临的问题。

高职高专院校要不断合理调整教师队伍，加强教师队伍建设，培养专业性强的师资力量，以满足学生学习的硬性需求；改善教学环境，加大力量投入，配备满足英语教学的语音、听力设施，营造优美的教学环境；改革教学内容，适度调整教学计划和教学大纲，使教学工作适应学生的学习水平和学习需求；考虑分层次教学，使各类学生在各自的最近发展区内得到最充分的发展，打造学生自主学习和个性发展的平台。

第二节　高职高专英语课堂生态重构

一、采用多样性教学内容

劳伦斯·克雷明认为课堂是由教师、学生、课堂环境三因子构成的，笔者认为教师、学生和课堂环境只是“显性”因子，其还应该包含“隐性”因子。比如，教学内容，虽然显性特征没那么明显，却直接影响着教师的发挥和学生的接受程度，从而影响三个“显性”因子。因此，除了纸质课本外，我们应该大胆地引进数字化教学资源，合理地利用互联网技术将网络资源引入课堂，比如网络视频、微博、微信公众号、微课、慕课等，其教学内容直观清晰、与时俱进，能与实际生活联系起来，引起学生的兴趣，从而使“所学”真正能够“所用”。对于具体的讲授内容，教师可以有自主权，可以实行模块教学，可以根据不同的专业设计不同的内容，甚至可以自编教材和建设个性化的教学资源，满足学生的不同需求。只要在“培养学生语言实际运用能力”的大前提下，教学内容可以多种多样，只要能满足学生在实际生活中运用的需要就是好教材。

二、营造开放的课堂环境

课堂环境包括自然环境、人文环境和心理环境。自然环境指班级规模、座位排列、教学设备、教室布置、光线照明等；人文环境包括教学目标的制定、教学内容的设计、教学方法的使用以及教学评价的实施等。而平等和谐的师生关系构成了重要的课堂心理环境。英语课堂教学是生态主体教师、学生和课堂环境之间相互作用的生态过程，包含了各生态因子之间的互动和平衡。生态视野下的课堂是“以人为本”的课堂，强调以学生为先，追求师生之间更多的互动，鼓励学生积极参与课堂，使其成为激发学生生命活力、展示自我的璀璨舞台。为了营造一个平衡和谐的课堂环境，笔者认为英语教学应尽量争取小班教学，分层教学，将人数控制在 20 ~ 30 人，教师可以根据上课需要将座位重新排列，采用圆形、方块形、椅围桌等多种形式将课堂分为若干组，方便课堂活动的开展，也便于师生之间的交流。或者模拟咖啡馆、商店、饭店等场景进行实景教学，如果条件允许，可以将学生直接带到户外，就像电影《音乐之声》里的玛利亚一样。若无法保证，教师可以创设第二课堂，可以在校园网站创设自主学习平台。在自主学习平台上，学生可以根据自己的实际能力，选择适合自己的教学内容，制定适合自己的学习目标。教师可以上传教学课件或其他教学资源，如主题英语、行业英语等，学生也可以上传自己的练习视频或作品展示等，实现资源共享。学生可以在平台上提出自己的问题，教师答疑。利用发达的互联网建立英语论坛或者班级群等，开展电子打卡、晨读、检查作业等活动，让学生在课堂之外也能学习英语，重要的是还增加了运用英语的机会，一定程度上弥补了传统教室课堂的局限性。此外，在网络世界里，没有教师，有些学生反而能大胆地释放自己和表达自己，敢于说乐于说，提高了自信心。同时，课堂生态主体间关系也由以教师为中心转变为以学生为中心，教师组织、引导学生学习的新型关系，使师生之间的感情得到加强。课内教学和第二课堂，两者相辅相成，缺一不可。课堂教学为网络课堂提供语言知识储备和理论支持，网络学习平台又是课堂学习的补充和延伸，是学生实践语言的操练场，使学生能查漏补缺，实现最佳的教学效果。

三、创设新颖的教学模式

笔者认为教学模式是生态系统中又一个重要的“隐性”因子，教学模式是否新颖直接关系着课堂环境是否和谐。随着 Web 2.0 时代的到来，教学模式应包括真人教学和机器教学。“微课”作为一项重要的教学技术已广泛应用于各大学校。微课作为一种新的教学形式受到现在学生们的喜欢和追捧。教师可以投其所好，将一些知识点做成微课，用微课进行旧知识复习。另外，利用微课进行新课导入或拓展一些课外知识，在课前或课中播放，可以大大增加学生的新鲜感，减轻老师的疲劳感，也不失为一种新教学模式的突破口。其次，随着智能手机的普及，智能手机可以作为学生英语学习的另一个“教师”。借助智能手机强大的功能，教师可以指导学生下载一些英语学习软件或App等，比如金山词霸、VOA、英语配音秀等，每节课教师可以抽出一段时间（比如10～15分钟），根据教学内容指导学生利用这些手机软件完成指定任务，不仅有效控制了学生课堂玩手机的时间，更激发了学生学习英语的热情，给原本封闭的课堂注入了活力，实现了课堂生态的“活水效应”。水是生命之源，只有源源不断地给课堂注入“活水”，生态因子之间才能得到动态平衡。真人和机器教学模式的结合能充分地调动学生的积极性，极大地增强其学习热情，从而提升其学习能力，让知识课堂变成生命课堂。

四、建立多元的评价体系

运用生态位理论，建立多元化的评价体系。生态位是指每个物种在种群中占据的时间、空间、功能位置。每个学生都有自己独有的生态位，生态位的不同决定了个体的学习差异。因此，应以全面评价为引导，制定合适的评价内容、评价形式和评价手段。除了包括所学知识的掌握程度外，评价内容还包括学习态度、学习情感、学习方式等。评价形式除了笔试，也可以有唱英文歌、朗诵英文诗歌、表演英文话剧、写英文作文等多种口试形式，给学生提供更多更人性化的选择。评价手段除了传统的纸质终结性评价外，应该结合新信息技术对学生开展形成性评价。可以建立学生电子档案，教师可以客观地记录学生的学习过程。通过网络自主学习平台，学生也可以进行自评，及时了解自己的学习情况。结合自评、学生学习过程跟踪、课堂观察、学生互评等评价方式，最终给学生一个公正的、全面的考核结果，让评价充满生命气息。

参考文献

[1] CREMIN L.Public education[M].New York: Basic Books, 1980.

[2] GARDNER H.Frames of mind：The theory of multiple intelligence[M].New York：Basic Books, 1983.

[3] GLASS DC, SINGER JE.Urban stress：Experiment on noise and social stressors[M]. New York: Academic Press, 1972.

[4] 樊晓燕 . 基于教育生态学视角的地方高校大学英语生态课堂建构 [M]. 北京：中国农业出版社，2018.

[5] 郭万群 . 大学英语多模态课堂教学研究 [M]. 上海：上海交通大学出版社，2015.

[6] 胡启海 . 大学英语生态课堂教师言语行为研究 [M]. 长沙：湖南科学技术出版社，2014.

[7] 黄长平 . 生态型学校发展 [M]. 成都：四川教育出版社，2015.

[8] 宁云中 . 生态、空间与英语教育教学研究 [M]. 北京：中国戏剧出版社，2019.

[9] 王翠英，孟坤，段桂湘 . 大学英语生态课堂与生态教学模式构建研究 [M]. 西安：西安交通大学出版社，2017.

[10] 魏华 . 大学英语生态课堂与生态教学模式的路径探索 [M]. 南京：东南大学出版社，2018.

[11] 邢红梅，闫欢 . 大学英语生态课堂构建研究 [M]. 天津：天津科学技术出版社，2017.

[12] 张晓丽 . 生态视域下的高校英语课堂教学理论研究 [M]. 北京：中国大地出版社，2018.

[13] 张艳玲 . 英语教学的理论、模式和方法 [M]. 青岛：中国海洋大学出版社，2018.

[14] Dona huse. Restructuring and the Physical context: Designing Environments [J]. Children's Environments, 1995，12（3）.

[15] WALBERG H J. Physical and psychological distance in the classroom [J]. The School Review, 1996, 77（1）: 64–70.

[16] 朱妮娅 . 生态课堂数学对小组口语报告质量的作用——以同伴支架的运用为例 [J]. 外语与外语教学，2018（01）：101–109+149–150.

[17] 陈欢，郭艳 . 从生态意蕴诠释高校英语课堂教学 [J]. 淮海工学院学报（人文社会科

学版)，2012，10（13）：98–102.
[18] 陈玉梅 . 落实学科核心素养 构建英语生态课堂 [J]. 科教文汇（上旬刊），2019（10）：142–143.
[19] 范智宏 . 大学英语教学的生态环境分析及其优化 [J]. 海外英语，2017（16）：81–82+90.
[20] 谷珍，刘希敏，杨燕平 . 大学英语生态教学模式中的师生关系研究 [J]. 中国校外教育，2014（21）：100–101.
[21] 黄妙玲，刘毅 . 近十年我国生态英语教学研究综述 [J]. 江苏第二师范学院学报，2017，33（7）：101–108+123.
[22] 霍美宁 . 生态学视角下大学生英语教学创新问题探讨——评《大学英语生态教学模式建构研究》[J]. 中国教育学刊，2018（3）：140.
[23] 贾菲 . 高职高专英语教学方法探讨 [J]. 智库时代，2019（50）：218–219.
[24] 贾慧琳 . 高校英语课堂生态优化方法小议 [J]. 黑河学院学报，2018，9（12）：102–103.
[25] 贾燕 . 新媒体视域下英语生态教学探究 [J]. 贵州教育，2019（21）：33–36.
[26] 李凤云 . 基于生态学理论的大学英语教学模式构建 [J]. 现代交际，2019（7）：175+174.
[27] 李雪芹 . 大学英语生态课堂的本质与构建 [J]. 宿州教育学院学报，2016，19（5）：158–159.
[28] 吕枚芹，魏芳 . 基于课堂生态视角的高职商务英语混合式教学研究 [J]. 现代商贸工业，2019，40（21）：196–197.
[29] 倪萍 . 教育生态学视域下的大学英语生态课堂 [J]. 文教资料，2019（19）：215–216+220.
[30] 石景艳 . 英语教学生态模式研究 [J]. 牡丹江教育学院学报，2016（4）：75–76.
[31] 孙素茶 . 基于生态性原则的大学英语生态信息课堂建构 [J]. 钦州学院学报，2017，32（09）：68–73.
[32] 陶冶情 . 基于课堂生态系统视角下的高校英语课堂研究 [J]. 英语广场，2019（12）：106–108.
[33] 魏颖，朱婧妍 . 河南省民办高职英语课堂生态化研究 [J]. 中外企业家，2015（27）：190–191.
[34] 吴心瑜 . 大学英语生态课堂的构建 [J]. 辽宁广播电视大学学报，2016（2）：49–50.
[35] 谢雪梅 . 大学英语生态课堂与生态教学模式构建研究 [J]. 海外英语，2019（12）：

158–159.
[36] 熊俊杰 . 英语生态课堂教学环境的优化研究 [J]. 教学与管理，2017（9）：110–112.
[37] 徐坤银 . 大学英语生态课堂的本质与特征探析 [J]. 教育教学论坛，2016（18）：236–237.
[38] 许岚 . 基于混合式教学模式的高校英语课堂生态思考 [J]. 文教资料，2019（10）：211–212.
[39] 赵科研 . 关于高职院校英语教学方法和改革的思考 [J]. 山西青年，2018（10）：153.
[40] 赵葵 . 建构高职英语生态教学模式的思考 [J]. 课程教育研究，2015（35）：98.
[41] 赵艳芳 . 教育 2.0 时代高职高专公共英语课堂生态重构 [J]. 广西民族师范学院学报，2018，35（01）：150–152.